本书是成功学大师卡耐基的扛鼎之作,也是他一生中撰写的仅有的一部传记。最具传奇经历的林肯,从一个饱经苦难的农村孩子,成为了美国总统;从忍辱负重的自我生存,到解放了350万黑奴。他光辉的人生激励着千百万人。让我们循着这位伟大总统的足迹,走进他的人生传奇……

林肯传

[美]卡耐基 著

鹤泉 译

中国华侨出版社
北京

Foreword 前 言

  我生命中的前二十年是在美国西部度过的，那里离林肯的故乡不远，而且，我一直对美国的历史很感兴趣。因此，我一直觉得我是很了解林肯的生平事迹的，可是很快我就意识到，事实并非如此。实际情况是，我这个美国人来到伦敦，在这里读了一个爱尔兰人所写的一系列文章之后才发现，在所有人的历史当中，林肯的一生是最为传奇也最迷人的。

  这一发现令我很惊讶，但我的惊讶并没有持续多久。我和一些朋友探讨了这一问题，结果发现，他们的情况跟我基本差不多，对林肯的了解都是：他出生在一个破旧的小木屋中；他需要步行几英里去借书，然后躺在壁炉前的地板上阅读；他砍过树，当过律师；他会讲有趣的故事，常说做人要脚踏实地；他被人称为"老实的阿贝"，曾跟道格拉斯辩论；他被选为总统，解放了奴隶，还在葛底斯堡演讲；他想知道格兰特将军喝什么牌子的酒，好送他一桶；他在华盛顿的一家剧院中，被布斯暗杀。

  《晨报》的一系列文章激起了我的兴趣，我去大英博物馆读了很多关于林肯的书。我发现读得越多，就越是着迷。最后，我竟走火入魔，想要自己写一本关于林肯的书了。我认为，这个世上需要一本适合忙碌的人们阅读的、简短的林肯传，书中不需要介绍他生命的全部，只要简明扼要地记述他这一生中那些有趣的和有意义的事件就可以了。于是，我开始尝试着写一本这样的书。

  我在欧洲时便开始动手写作，其间花去了我一年的时间，之后我又在纽约花费了两年的时间。最后，我将所有写成的手稿撕毁了，扔进了垃圾桶。然后我去了伊利诺伊州，在林肯曾经生活和奋斗过的地方书写林肯。我在那里住了几个月，身边的人们都知道林肯，他们的父亲曾经跟林肯一起丈量过土地，修剪过篱笆。我从老旧的报纸、书信、演讲稿以及零碎的法庭记录中去一点点了解林肯。

我在彼得斯堡的小镇上住了一个夏天，因为那里离塞勒姆很近，只有一公里远。林肯在塞勒姆度过了一生中最快乐也最重要的时光，他在这里学法律知识、当铁匠、参与斗鸡和赛马，他在这里谈恋爱，也在这里因爱而心碎。

即使在最繁华的时候，塞勒姆的居民人口也没有超过一百，它一共存在了差不多十年。林肯离开这里之后，它也被人们遗弃了。半个世纪以来，只有母牛在这里吃草。

白色的橡树依然还在，当年林肯在树下学习、摔跤、谈恋爱。每天早上，我都会带上打字机，从博德斯堡开车去那里。在橡树树荫下，我差不多写下了本书的一半。这是一个多么温馨的写作场所啊！我的前面，是蜿蜒的桑加蒙河，周围都是树干和干草地，穿过树林，满眼都是野鸟，美极了。有时我想，林肯就在这里。

夏夜，北美夜莺在桑加蒙河两岸的树林里啼叫，月亮在天幕中闪耀，而我经常会在这时一个人来到这里。它让我觉得，一百年前，年轻的林肯和安一定在这样的夜晚手牵着手走在此刻我脚下的土地上，谈论着让人迷醉但注定无法实现的梦想。我相信，林肯在这里找到了他唯一的幸福。

当写到"稍纵即逝的幸福"那一节的时候，我将折叠桌和打字机放在车上，沿着乡间的小路，经过了无数的养猪场和牧场，来到了安的埋骨之地。如今，这里已经荒芜不堪，到处都是杂草，要想走到安的墓地旁，必须先将眼前的杂草砍掉才可以。这里，曾是林肯痛哭的地方；这里，寄托着他那深深的哀思。

本书的很多章节是在斯普林菲尔德完成的，还有一些是在林肯早年的故居里完成的，而另外一些则是在他发表就职演说的写字台上和曾经他跟玛丽·托德吵架的地方写就的。

Contents
目 录

第一部 不懈的奋斗 1
    坚强的露西 2
    悲惨的童年 8
    耕读岁月 14
    获得认可 19
    稍纵即逝的幸福 26
    结识玛丽 33
    没出现的新郎 39
    挣扎在幸福和道义之间 44

第二部 成长的历程 49
    不幸的婚姻 50
    穷苦而又善良的律师 57
    悍妇玛丽 60
    深入骨髓的忧郁 66
    政治交锋 70
    林肯与道格拉斯 77
    "黑马"候选人 85
    告别故里 89
    内战开始 95

第三部 伟大的领袖 99
    初战失利 100
    纸上谈兵的将军 104
    双重打击 108
    混乱的内阁 112
    解放黑奴运动 120

"失败"的经典演说 126
仁慈的总统 132
事业的胜利与生活的失败 138
伟人逝去 143

第四部　人世绝响 **149**
　　总统的葬礼 150
　　杀人者终将被杀 152
　　扑朔迷离的传言 160
　　总统的身后事 163

第一部
不懈的奋斗

坚强的露西

在被称作哈罗德要塞的哈罗兹堡,曾经有一个叫作安·麦金蒂的女人。据载,她跟她的丈夫是最早将猪、鸭和纺车带到肯塔基州的。同时,安·麦金蒂也是这块黑暗蛮荒之地中第一个制造出黄油的女人。不过,真正让安·麦金蒂名声大噪的不是这两件事,而是她创造的另一个奇迹。

在这个古老而神秘的印第安地区,没有人种植棉花,也买不到棉花,同时,由于狼患严重,绵羊也被吃个精光,无法得到羊毛。所以,这里根本找不到任何可用于织布的原料。不过,安·麦金蒂靠自己的聪明才智解决了这个问题。她利用荨麻纤维和水牛毛这两种非常常见的东西制作织布原料,纺织出"麦金蒂布"。

这件事传出去之后,很多家庭主妇前来跟她学习织布的技术。妇女们一边织布一边闲聊,可她们谈论的话题更多的时候并不是荨麻纤维和水牛毛,也不是织布的技巧,而是家长里短的闲话,时间久了,安·麦金蒂的小屋便成了公认的丑闻交换中心。

在那个年代,通奸是可以被定罪的,而未婚生子则是更大的罪行。安·麦金蒂有一个毛病,就是喜欢揭发这种罪行,尤其是对未婚的失身少女,更是不会放过,一旦知道,她就会将之告到陪审团那里。在安·麦金蒂的思想里,再也没有什么事能够比揭发失身少女更让她开心的了,因此告发别人成了她的乐趣。事实上,她也确实干了很多类似的事情。在哈罗德要塞的法庭记录中,经常会出现被安·麦金蒂揭发而被定为通奸罪的人。仅1783年的春天,在这里的十七起案件中,有八起被裁定为通奸案,而举报者自然是安·麦金蒂。

1789年11月24日,大陪审团提起的一个诉状中就做了这样的记载:"露西·汉克斯,通奸。"这已经不是露西第一次被定罪了。她第一次被定罪是很多年以前的事,发生在弗吉尼亚州。关于那次的事情,可查到的记录已经很少,只有一些零星的细节。不过,要想重新还原那件事的原貌,也并非不可能,因为故事虽然不完整了,但关键性的元素还在。现在,我们就试着还原一下。

汉克斯家族在弗吉尼亚州曾经拥有一块土地,那块地分布在拉帕汉诺克河和波托马克河之间,是一个狭长的地带。在这里,共同居住的还有华盛顿家族、李氏家族、卡特家族、冯·特洛伊家族以及其他一些有权势的家族。这些名门望族会去教堂参加基督教的礼拜仪式,而与他们相邻的像汉克斯家族这样的穷苦人家,同样也会去教堂做礼拜。

1781年11月的第二个星期天,华盛顿将军带着自己的贵客拉斐特将军来到教堂做礼拜。这个拉斐特将军来自法国,是个声名显赫的人物,他曾在约克城帮助华盛顿打败康华里斯爵士的军队,因此人们都想看看这位名将的风采。

那天早晨,最后一首赞美诗唱完,教区的人们怀着激动的心情整齐地排成一行,等待着跟两位英雄握手。

拉斐特将军有一个特别的爱好,即对年轻美貌的姑娘很感兴趣。他一旦被介绍给中意的姑娘时,会亲吻对方以表示自己对她们的欣赏。那个早上,在教堂的门前,拉斐特将军一共亲吻了七位姑娘,这七名姑娘被认为是幸运的。露西·汉克斯就是这七个幸运者之一。

然而,谁也想不到,就是拉斐特将军的这一个习惯性意义上的亲吻,竟然改变了美国的未来。

在那天早上,人群中等待与两位将军握手的,还有一个年轻的单身汉。这个单身汉出身于贵族家庭,对汉克斯家族这样的穷困人家自然了解甚少。不过,他却认为,当然,也只是他认为,那个早上拉斐特将军对露西·汉克斯的吻格外用情一点。在他眼中,拉斐特将军吻其他女孩的时候,不过是一种例常行为,但对于露西·汉克斯，则是包含了热情在内的。

  这个少年对拉斐特将军很是敬重，在他眼里，拉斐特将军既是一个军事专家，又是一个女性鉴赏家，是非常了不起的。于是，他便开始对露西·汉克斯格外关注，在他眼里，这个女孩是得到拉斐特将军认可的。少年甚至产生了这样的想法：这世界上杰出的女性都是在贫穷的环境下成长起来的，比如汉密尔顿夫人、穷裁缝的私生女迪巴里夫人……这些令人欣慰的例证，让这个年轻人对露西·汉克斯的幻想更加严重了，他的脑海里一直徘徊着露西·汉克斯的倩影。

  终于，在下一个星期二的时候，少年克制不了自己，他策马来到了汉克斯家族的简陋小木屋中，聘请露西作为自己种植园里的一名女佣。

  其实，这个年轻人的家中已经有很多奴仆了，根本不需要再雇人，但他还是招来了露西，并分配给她一些比较轻松的活计，还叫她不要跟其他的奴仆们接触。

  在那个年代，弗吉尼亚州的富有人家基本都会将自家的孩子送到英国接受最好的教育。露西的雇主就是一个曾经上过牛津大学的人，在他的家中，有很多他从英国带回来的珍贵书籍。有一天，他闲逛到书房时，发现露西手里拿着抹布，正倚靠在桌子一侧聚精会神地看一本史书中的插图。

  对于一个佣人来说，露西的这种举动是严重越级的，但年轻人并没有责备露西，反而回身关上书房的门，坐下来为露西讲解那本史书。露西被雇主的讲解深深吸引了，最后竟然表示自己也想要识字和上学。

  露西的要求在今天看来非常简单，也很合情合理，但在当时是不可想象的。那时候，弗吉尼亚州还没有开办免费的学校教育，即便是富有的地主，也有一半人不会写自己的名字，交易的时候只是用符号代替签名。一个奴仆竟然想要读书写字，自然会被视为妄想。

不过，露西的想法不仅没有遭到雇主的歧视和嘲笑，反而得到了他的认可，他甚至跟露西说，自己可以做她的导师。

那天晚饭之后，雇主将露西领到书房，开始教她认识字母。从此，露西的学习生涯就开始了。几天之后，雇主又手把手教露西拼写字母。雇主教了露西很长一段时间，可以说，他在教学方面很有特长，教授的效果也很好。直到今天，我们还能找到一些露西的手迹，从中可以看出，露西书写的时候大胆而自信，充分表现出她自身的灵气和个性。在书写中，露西不但使用了"批准"这个词，而且用得非常准确。在当时，即使是华盛顿那样的人，在书写的时候也难免犯错误，由此可见，露西的学业绝非一般。

一天晚上，完成了当日的课程之后，露西和她的导师并肩坐在书房里。眼前是通红的炉火，远处是从森林尽头慢慢升起的明月，在这浪漫的氛围中，露西坠入了爱河，情不自禁地爱上了自己的导师。

然而，这份让露西感到快乐和幸福的爱，并没有给她带来太多的快乐。不久后，露西发现自己怀孕了。这件事让露西彻底陷入了恐慌，她开始变得面容憔悴，饮食无味，让原本容光焕发的她变得无精打采了。

最后，顶不住压力的露西将自己怀孕的事实告诉了自己心爱的人。在听到这个消息之后，那个男人曾想与露西结婚，但也只是想一想而已，很快就打消了这个念头。因为他要面对太多的压力，家庭、朋友、社会地位等都决定了他不能跟露西这种出身的女子在一起。更重要的是，他感觉到自己对露西已经没有开始那般的痴迷了。于是，他拿了一笔钱给露西，将她打发走了。

露西一下子由天堂掉进了地狱，她感到的不再是徜徉在爱河中的那种温暖，而是被心上人抛弃的冰冷现实。更重要的是，接下来的几个月中，人们开始在背后对她指指点点，有的人甚至连碰面的时候也不跟她打招呼。就是在这样的环境当中，露西生下了自己的孩子。

一个星期天的早晨，露西做出了一件让人震惊的事情，她竟然带着自己的孩子去教堂参加礼拜了。露西的到来马上引起了骚乱，愤怒的人们觉得这个女人实在是不知羞耻，竟然敢将一个私生女带到教堂这种高雅圣洁的场所，这是谁都不能容忍的。其中一个女人甚至直接站起来，要求"赶走那个荡妇"。

露西的父亲不希望女儿受到这样的侮辱，于是将自己那不多的家产放上马车，带着汉克斯家族远迁他乡了。他们一路辗转，穿过荒野，最终来到肯塔基州的哈罗德要塞。在这里，没有人认识他们，因此他们可以不向任何人透露这个孩子的生身父亲是谁。

然而，美丽的女子到哪里都是受人欢迎的。露西来到肯塔基州之后也跟原来一样，深得男人们的喜爱。很快，她又一次坠入爱河，而且再度失足。不久就有人发现了露西的秘密，这个秘密开始在私下流传，并很快就传到安·麦金蒂的小屋，并被安·麦金蒂报告给了陪审官。结果便是如前所述，陪审团对露西提起了诉讼，并裁定她犯了通奸罪。可是，司法官知道，露西并不是那种视法律为神圣教条的女人，于是将传票塞进口袋当中，自顾自地去猎鹿了。

裁定是在当年的11月作出的，到第二年的3月，又有人提起这件事，要求惩治这个荡妇。于是，法院又发出了一张传票，结果，这张传票被露西撕得粉碎。不过，5月法庭会再次开庭，如无意外，露西必然会被拖进法庭，接受制裁。不过，一个男人的及时出现，挽救了露西。

男人的名字叫亨利·史帕罗，有一天，他来到露西的家中，径直走进屋里，对露西说："露西，我不在乎外界对你的评价，我爱你，我想娶你为妻。"

然而，露西没有马上答应，她不愿意让镇上的人说亨利是为了救自己而被迫结婚的。因为根据当时的情况，如果露西在法院再次开庭之前结婚，那么她就不必接受审判了。于是，她对史帕罗说：

"亨利，等一年之后吧！我要让每个人都知道，我们是自愿在一起的，而不是你为了救我才跟我结婚的。因此，请给我一年的时间，如果年底的时候你还爱着我，那时我会嫁给你，跟你一起生活。"

1790年4月26日，亨利·史帕罗和露西领取了婚书，为的是防止法庭再次起诉露西。但两个人并没有生活在一起，直到差不多一年之后，露西觉得已经能足够证明她和亨利是真心相爱，而不是亨利为了救她而结婚时，两个人完成了婚礼，正式生活在了一起。

然而，这桩婚事在安·麦金蒂那些人眼中，依然是不被看好的。安的小屋中不断有关于露西的议论，人们觉得，露西的婚姻是不会幸福的，她用不了多久又会变回原来的荡妇模样。流言越传越广，最后连亨利也听到了。亨利为了保护妻子，建议全家西迁，到没有熟人的地方，开始全新的生活。可他的想法被露西拒绝了，露西不想再用躲避的方式应对流言了。她高昂着头说："我并不是坏人，也不打算逃离，我要在哈罗德要塞生活一辈子，用自己的行动获得幸福，让那些嚼舌头的人闭嘴。"

最后，露西果然做到了。在露西的一生中，一共有八个孩子，其中两个成了牧师。她的一个外孙，也就是露西的私生女儿的儿子，最终成为美国的总统，即亚伯拉罕·林肯。

我之所以先讲这段故事，是为了让大家对林肯的祖辈有个大概的了解，尤其是他的外祖母，因为林肯从她的身上继承了很多优良的品质。

威廉恩顿是曾与林肯有二十一年之久友情的伙伴，他应该是最了解林肯的。1888年的时候，威廉恩顿出版了三册的林肯传记，其中就有类似的记述。书中的内容是这样的：

关于林肯的身世背景，我记得他曾提过一次。那大概是1850年的事了，有一次我们两个坐着他的那辆轻便的马车，去伊利诺伊州的默纳德县法庭，办理一起诉讼。那诉讼可能会涉及一些遗传基因的主题，于是我们在路上的时候就聊起了这个话题。当时他提起自己的母亲和外祖母。他聊到母亲的性格，并述说了自己从母亲身上继承到的品行，另外，还简要说了他母亲的身世情况。他说母亲是露西·汉克斯的私生女，是一个知书达理的弗吉尼亚农妇。林肯认为，正是母亲的个性和成长背景，造就了他自己的思辨能力和推断能力以及他的远大志向。甚至林肯还认为，非婚生的孩子，往往比合法婚生的孩子更加强壮也更聪明。因而他坚信，他的良好品格，来自他那默默无闻却心胸宽广的母亲。这段谈话，让他想起了母亲的种种经历，于是他开始凄然祈祷："上帝啊，请保佑我的母亲！不管什么时候，我希望上帝与她同在。"然后，林肯就不再出声了，我们的谈话也到此为止。接下来，他一句话也没有说，而是深深地陷入自己的身世经历当中，不能自拔。而我，自然不会去主动打扰这个状态下的他。不过，他那天忧郁的语调和哀婉的措辞，给我留下了深刻的印象，让我至今不能忘怀。

悲惨的童年

　　林肯的母亲叫南希·汉克斯，她从小由自己的叔叔和婶婶抚养长大。从她不会写字、在跟人交易的时候仅仅用符号来记录可以推断，南希应该没有上过学。

　　南希从小在森林深处居住，很少出门，因此朋友也不多。她二十二岁那年，和肯塔基州最粗野的男人结了婚。男人的名字叫托马斯·林肯，是一个呆板而又笨拙的家伙，靠着给人打零工和偶尔打猎为生。在那片落后的森林中，人们称呼这个男人为"林克汉"。

　　托马斯·林肯是一个流浪汉，他总是四处游荡，在饥饿难耐的时候，什么活都干过。他修过路、砍过树、猎过熊、耕过地，帮人修理过屋子。据说，他还曾经扛过枪，担任看守犯人的工作。1805年的时候，肯塔基州的哈丁郡还曾雇佣过他，酬劳是每个小时六美分，任务是追捕和鞭打不听话的奴隶。

　　托马斯·林肯是一个完全没有金钱概念的人，他曾在印第安纳州的一家农场住了十四年，可这十几年竟然一分钱也没有攒下，以致最后连每年十美元的土地租金都拿不出。还有一次，家里已经快揭不开锅了，他的妻子只能用野生的荆棘条来缝制衣服，可他却跑到肯塔基州的伊丽莎白小镇上，贷款为自己买了一条银白色的吊带裤。没多久，他又在一次拍卖会上花三美元买了一把利剑。也许，即使是在一贫如洗，粒米不存的时候，他也会配上自己的剑，穿上吊带裤去闲逛吧。

结婚后不久，托马斯带着全家迁到了一个小镇上，在那里托马斯开始尝试着做木匠以维持生计。很快，他就找到一份建造磨房的差事，可是由于不懂得丈量木料的正确方法，导致切割出来的东西不是不够方正，就是长度不对，最后雇主大怒，死也不肯付给他工钱，为了这事还引发了三场官司。

托马斯生活在森林中，经过这件事之后，他觉得丛林里虽然无趣，但那里才是真正适合自己生存的地方，于是，他又带着全家来到一个森林边上贫瘠的农场当中。从那以后，他再也没有离开过村庄。

离伊丽莎白小镇不远处有一片出了名的贫瘠地带，人们都将之称作"不毛之地"。在那里，没有能够成材的树，因此人们索性将所有的树都烧光，之后让低质的牧草任意成长，供野牛们任意觅食。

1808年12月，托马斯以每英亩六十六美分多一点的价格在那块不毛之地上买了一片农场。在托马斯的农场里，有一个供猎人居住的茅草屋，还有一个周围长满野山楂树的小木屋。屋子的不远处，就是诺临河。春天的时候，山茱萸在河两岸开放。夏天，老鹰在蓝天上盘旋，草叶在风中摇曳，仿佛一片波涛汹涌的绿海。稍微有一点判断力的人都不会选择在这里定居，因此冬天来临的时候，这里便成了没有人烟的寂静之地，差不多是肯塔基州最孤寂、最荒凉的地段之一。

1809年2月，亚伯拉罕·林肯就降生在这荒凉地带的小茅草屋中那铺满玉米皮的木板床上。当时，外面是一片银白，寒风将雪粒吹进屋中,落在南希母子所盖的熊皮上。九年后,终日劳作的南希积劳成疾,离开了人世,那时候她才三十五岁。在短短的一生中,她不曾体验过什么叫作幸福,因为不管她走到哪里,其私生女的身份都会使她遭到别人的议论和嘲笑。为了纪念这个女人,多年之后,一个心存感激的民族,在她生下亚伯拉罕·林肯的地方给她立了一座雄伟的大理石纪念碑,可惜的是,这一切她都看不到了。

那个时候,市面流通的纸币在蛮荒地带基本没有什么价值。因此,人们常常会将火腿、威士忌、动物皮毛等作为交易的媒介。有时候,牧师们甚至会用威士忌作为参加礼拜的报酬。1816年的冬季,当时亚伯拉罕已经七岁,他的父亲托马斯变卖了农场,换了大约四百加仑的威士忌酒,之后带着全家迁往印第安纳州的荒林地带。那里同样是一个荒凉的地方,四周被乔木、灌木等紧紧环绕,以至于必须用斧头将眼前的树木砍掉才能走出一条路来。就是在这样的环境中,亚伯拉罕·林肯度过了十四年。

林肯一家到那里的时候,已经下过了初冬的第一场雪,四处都是冰冻。托马斯只得匆匆地搭了一个三面帐篷用来居住。所谓的三面帐篷,就是今天人们常说的棚屋,没有地板,没有门也没有窗,只有三面墙和一个圆柱形的屋顶,第四面是完全敞开的,任由风吹雪淋。在今天,印第安纳州的农夫甚至都不会将自家的牲畜安在这样的棚屋当中,但当时的托马斯觉得,这已经足够好了。这家人就在这样的环境中,度过了一个冬天,一个有史以来最严酷、最寒冷的冬季。

在棚屋的一角,树叶和熊皮散乱地堆在脏兮兮的地板上,那就是南希和她的孩子们睡觉的地方,他们没有牛奶、没有鸡蛋,甚至连蔬菜和马铃薯都没有,只能靠偶尔打来的野生动物和采回的野果度日。

开始的时候,托马斯曾经想养猪,可是那里的狗熊实在太多,它们只要看见猪,便会整个吃下去,一点儿也不剩。

那里环境的艰苦，是让人难以想象的。当地的人们都不知道这世上还有一种人叫作"牙医"，而离他们最近的医生距离也在三十五英里之上。因此，当南希牙痛的时候，托马斯只能用最原始的方法，将胡桃的桃核削尖，然后用石头将之钉进牙齿的缝隙中。

早年，中西部的拓荒者们基本都会受到一种叫作牛乳症的病痛折磨。一旦牛马染上这种病症，那么往往难逃一死，有时候甚至大批的人都会染病而亡。整整一个世纪，人们都没有发现这种病的病因。直到20世纪初期，科学家们才发现了其中的秘密：动物们如果吃了一种叫作白蛇根的植物，便会中毒发病，人喝了中毒动物的奶，也会相应染病。白蛇根一般长在茂密的森林牧场或者绿荫峡谷中，即使到今天，有很多人因为这种植物而丧失性命。如今，伊利诺伊州农业部每年都会张贴告示，警告农夫们如果不将这种植物彻底根除，生命就会受到威胁。

1818年秋天，可怕的牛乳症降临到印第安纳州的巴克涵山谷中，许多家庭都因此而不复存在了。当时，南希去了离他们家最近的猎人彼得家中，帮忙照顾彼得患了病的妻子。结果，彼得的妻子病得太厉害，不久就离开了人世。而南希也因为受到了传染，病倒了。她感到头晕、腹痛，且呕吐得厉害。后来，南希被扛回了家中，安放在那一堆树叶和熊皮上。她手脚冰凉，腹中却燥热如火，嘴里不停地喊着："水……水……"

托马斯是一个迷信的人，看到任何自以为不平常的事情都会朝着迷信的方向想。南希被送回来的第二天晚上，有一只狗在他们的棚屋外面不停地吠叫，托马斯觉得，这不寻常的迹象表明南希已经没救了，于是他放弃了施救的行动。

最后，南希连抬头的力气都没有了，说话声音也小到极点。她挣扎着挥了挥手，叫来了亚伯拉罕和他的妹妹，让他们弯下腰来，用微弱的声音跟他们说："要友好相处，要遵从上帝，要按照我教导你们的样子去生活。"

这句话，就是南希的遗嘱了。那时候，她的喉咙和肠胃系统都已经处于麻痹状态，说完了人生的最后几句话，她便陷入了长久的昏迷状态中，几天后，也就是1818年10月5日，南希永远地离开了人世，她走的时候，眼睛是睁着的。这是一个凄苦的女人，没有享受过半点幸福，但她拥有一颗善良的心。

为了能够让南希瞑目，托马斯将两枚硬币分别放在南希的两个眼睑上。然后，托马斯来到森林，砍下一棵大树，之后做成了一口粗糙的棺材，把南希那饱经风霜而又疲惫不堪的身体放入其中。

两年前，托马斯用雪橇将自己的女人带到这片不毛之地，现在他要再次驾上自己的雪橇，将妻子送到离家不远处的密林山顶安葬。在下葬的时候，没有任何仪式，仅仅是将南希和棺材埋在了土里。

就这样，亚伯拉罕的母亲永远离开了人间。我们无法知道她的样貌，也无法知晓她是一个什么样的人，因为她短短的一生差不多都生活在浓密森林里，或许只有极少数曾经路过他们家的人会对这个苦命的女人有些许的印象吧！

在林肯去世后不久，有一个作家为了写林肯的传记，曾去采访过认识南希的人。那时候，南希已经去世半个世纪，人们对这个苦命女人的印象也早已模糊，甚至连她的样貌都众说纷纭，有的说她是一个"矮胖而结实的女人"，有的说她"身量苗条"，有人说印象中她的眼睛是黑色的，但也有人说她的眼睛是淡褐色的，更有人十分肯定地告诉作家，南希的眼睛是蓝绿色的。就连跟南希在同一个屋檐下生活过十五年的表哥，也对她印象模糊了。开始的时候，南希的表哥说她有一头灰白的头发，可后来又改口说南希的头发是黑色的。

南希死后的六十年里，她连一块墓碑都没有，人们只知道她墓地的大概位置。南希因为从小被叔叔和婶婶养大，所以埋葬的时候也跟这两位老人埋在了一起。现在的人们，已经无法分辨三座坟中到底哪一个下面埋着的是南希了。

南希去世后不久，托马斯建造了一座有四面墙的木屋，不过依然没有地板，没有窗户，也没有门，只是将那张脏兮兮的熊皮挂在门口处，用来遮挡风雨。屋子里潮湿而又阴暗，许多东西都已经发霉了。平时，托马斯大部分时间都在森林里狩猎，只留下那两个没有了母亲的孩子在家中打理家务。萨拉做饭，亚伯拉罕则照料炉火，并负责去一英里外担水回来。家中没有刀叉，因此他们吃饭只能用手抓。不过虽然用手抓饭，但他们的手很少清洗，因为取水比较困难，而且他们也没有用来洗手的肥皂。本来，南希生前应该是制作过一些用来洗手的碱液的，可是剩下的一点早已经用光了。孩子们不会做，托马斯不愿做，所以林肯一家只能在邋遢和贫穷中度日。

整个漫长的冬季，他们不洗澡，也很少洗脏兮兮的衣服，用于睡觉的树叶和熊皮也已经发潮发臭了。同时，小屋内照不进阳光，他们唯一的光源就是火炉或是猪油灯。从拓荒者们对小屋的描述可以略微知道，失去了女主人的林肯家的小屋除了弥漫着发霉的潮气外，还满是臭虫和跳蚤。

一年之后，连托马斯这样的懒汉也忍受不了这种肮脏了，他决定，再娶一个妻子回来帮忙料理家务。

十三年前，托马斯还在肯塔基州的时候，他曾经向一个名叫萨拉·布什的女人求过婚。可是对方没有答应他，而是嫁给了哈丁县的一个监狱看守。如今，那看守已经去世，只留下萨拉和三个孩子，以及一笔不小的债务。托马斯听说了萨拉的近况，觉得这是再次求婚的大好机会。于是他来到小河边，对全身上下做了一次彻底的清洗，之后将多年前买的利剑挂在腰间，朝着肯塔基州的方向去了。

来到伊丽莎白小镇的时候，托马斯买下了自己人生中第二条银白色的吊带裤，之后吹着口哨，扬扬得意地在街道上闲逛。

这一年是1819年，那年发生了很多事，人们都在津津乐道地谈论着各种新科技，一艘以蒸汽机为动力源的船，已经横渡了大西洋！

耕读岁月

　　林肯十五岁的时候，开始学习认识字母，并且能勉强读懂一些简单的句子，不过书写还很困难。1824年的秋天，一个名叫阿泽尔·多尔西的漂泊教书匠来到皮金河开办了一所学校。林肯兄妹每天都要穿过树林，之后步行四英里，到这个教书匠的学校学习知识。在多尔西的学校里，孩子们的朗读声和嬉闹声从来都不会停止。因为多尔西相信，只有让孩子们大声朗读，才能分辨出哪个学生没有真正用心学习。学生阅读的时候，多尔西老是拿着教鞭，在教室中来回踱步，如果他发现哪个学生不出声朗读，便会一鞭打过去，以示惩戒。因此，每个学生都会将音量调到最大，以期突出自己的声音。学校的朗读声，往往在四分之一英里之外也清晰可闻。

　　上学时，林肯总是戴着一顶松鼠皮做成的鸭舌帽，穿鹿皮制的马裤。由于马裤每次洗完都会缩水，裤脚处根本没法护住他的小腿和脚踝，只能任其暴露在寒风中。

　　林肯上学的地方，说是学校，其实就是一个低矮而又粗糙的小木屋，矮到多尔西甚至都无法完全站直身子。屋子没有窗户，多尔西便从每一面墙中分别抽出一根木头，之后用纸糊上，这样，纸糊的地方就可以透进些许光亮了。而屋内的地板和座椅，也是用劈开的木条做成的。

　　林肯平时的阅读材料大都选自《圣经》，而进行书写练习的时候，则以华盛顿和杰斐逊的笔记为蓝本。他的字体也确实跟这两个人相似，都是那么清晰且别具一格。林肯的字很快就受到众人的认可和称赞，有些不识字的邻居甚至会步行几英里来请林肯帮他们写信。

　　众人的认可让林肯对学习产生了浓厚的兴趣，他觉得上课的时间太短,于是回家之后仍抱着书本不放。在当时,纸张是非常稀少的,而且较为贵重,于是他便用碳棒做成笔,在木板上练习写字。有时候,他还会在木板上进行数字的演算。一旦整个木板都被他写满了密密麻麻的字,他便会找来刀子,将木板的表层刮掉,这样一来木板表层焕然一新,他又有地方书写了。

林肯家境贫寒,买不起算术书,便向别人借了一本来,将之从头到尾抄到纸片上,然后将纸片装订成册,做课本用。在林肯去世的时候,他的继母手里还有部分林肯自制的算术书的书页。

那时候,林肯就已经在有些地方与其他孩子不同了。他不仅喜欢表达自己的独特见解,有时候甚至还写写诗,之后交给邻居威廉阅读,并让其发表意见,以便修改。而他的文章更是引人注目,曾有一位律师觉得林肯谈论国政的文章写得很好,尽力帮他寻找发表的机会。事实上,俄亥俄州的一份报纸,也确实刊登过林肯写的有关禁酒的文章。当然,这些都是后话。林肯的第一篇文章,灵感来源于伙伴们在校园里玩的一种残忍的游戏。当时,林肯的很多同学常常去抓乌龟,然后在龟背上放正在燃烧的木炭,以此取乐。林肯觉得这种做法过于残忍,请求同学们不要再这么玩,而且他还跑过去用赤裸的脚丫将龟背上的木炭踢走。他的第一篇文章就是以这个事件为中心,呼吁人们对动物要有怜悯之心。这时的林肯,已经表现出善良的天性了。

之后,林肯断断续续地在另一所学校学习了一段时间,之后就再也没有接受过任何的正规教育。其求学的时间加起来,也不过十二个月。1847年的时候,林肯晋升为国会议员,在填写简历的时候,他在教育程度一栏中写"不完备"。

被提名为总统候选人之后,林肯曾说:"快要成年的时候,我依然是不谙世事的孩子,不过幸好,我学会了阅读、写作和简单的三则运算。这些就是我接受过的全部的教育,我的学识能够达到今天的地步,靠的完全是压力和需要。"

而曾经当过林肯老师的人，也确实没有什么学识，基本都是一群相信巫术，觉得地球是扁平的家伙。可是，林肯凭着跟这些人进行的断断续续的学习，培养出自己最宝贵的品格之一：对知识的渴望和热爱，在当时，这是差不多只有上过大学之后的人才有的品格。

学会阅读之后，林肯从书中接触到另一个神奇的世界，一个他从没接触过甚至无法想象的奇妙世界。这个世界改变了他，给了他宽阔的视野，也让他拥有了更大的梦想。二十多年里，阅读一直是为林肯提供激情的因素之一。林肯的继母曾收藏《圣经》、《伊索寓言》、《鲁滨孙漂流记》、《天路历程》以及《水手辛巴德》等书籍。林肯看到这些书之后，马上就被吸引了，将之当成是无价之宝。他甚至把《圣经》和《伊索寓言》放在触手可及的地方，以便可以随时拿过来进行阅读。这两本书也确实对他产生了深远的影响，他的为人处世、谈话风格等的形成都跟这两本书有关。

这些书籍虽好，但远远不能满足林肯的阅读需求。于是，他便开始向别人借，不管是图书还是报纸，只要是铅字印刷出来的，他都要借来看一看。有一次，他沿着俄亥俄河南岸走了很远，从一个律师那里借了一本修订版的《印第安纳法典》，并首次接触到《独立宣言》和《美国宪法》。

林肯还经常帮助邻居掘树桩或收玉米，这样，他便可以从邻居那里借书出来看了。从邻居那里借来的书，有一本是《华盛顿生平》。林肯对这本书爱不释手，晚上经常看到天黑到分辨不清字体了才罢休。睡觉的时候，他将那本书放在木屋的墙缝之处，这样，当第二天太阳光照进小屋的时候，他就可以在第一时间看书了。有一天晚上，外面下起了大雨，雨水从墙上的缝隙中渗了进来，浸湿了书本。书的主人对这件事很是恼火，坚决不肯罢休，最后林肯只得以帮助对方割三天草料作为补偿，这件事才得以解决。

在林肯借过的书中，《史考特教程》是让他受益最多的。这本书不仅让他学会了如何进行公众演说，还让他从中领略到古罗马雄辩家西塞罗和古希腊著名演说家狄摩西尼斯的风采，更重要的是，他还从中接触到莎士比亚戏剧中的各色人物。

林肯常常拿着《史考特教程》，在树林中走来走去，同时嘴里大声朗读着哈姆雷特的经典台词。他还不断重复安东尼在恺撒遗体前说的那句旷世警句："朋友们，罗马同胞，乡亲们，请听我说，我是来埋葬恺撒的，不是来赞美他的。"

每当读到精彩处，如果手中没有纸，林肯便会将书中的文字刻在木板上。后来，林肯还做了一个粗糙的剪贴板，将所有喜欢的句子都写在上面，并随身携带，一有空闲的时候就拿出来诵读一遍，直到能够倒背如流后方才罢休。

在田间劳作的时候，林肯也从不放弃阅读。他常常会趁着马儿休息的瞬间，坐在围墙的高处读书。中午的时候，家人都去吃饭了，林肯却往往是一手拿着玉米饼一手捧着书，痴迷地看着。

小镇上的法庭开庭的时候，林肯就徒步走上十五公里到镇上去旁听律师们激烈的辩论，然后尽量记住他们说过的话，等到回家干活的时候，则利用空闲时间，模仿律师们的语气和话语，独自进行演说。此外，林肯有时候还会模仿牧师们做礼拜时所做的演讲。

有时候，林肯还会将笑话集带到田间，坐在圆木上为大家朗读，每当这时，听众们常发出阵阵笑声。然而，虽然大家都很开心，但玉米地里的杂草因此长得更高了。

雇佣林肯的农夫经常抱怨林肯太过懒惰，说他"懒得可怕"。面对对方的指责，林肯从不辩解什么，而是坦然接受，他常说："我父亲只教我如何干活儿，可从没教过我要热爱干活儿啊！"

林肯的老父亲托马斯最后发话了，他要求林肯终止这一切愚蠢的行为，让他不许再在田间讲笑话给别人听。可是，托马斯发布命令的口气虽然十分严肃，但林肯并没有将之当回事，而是依然故我。最后，老托马斯当着众人的面，打了林肯一个耳光，将他打倒在地。倔强的林肯一句话也没说，从此父子之间产生了隔阂，而且直到最后，这隔阂也没有消除。托马斯老去的时候，尽管林肯也在资助他，但他们很少见面。即使是1851年老托马斯病危的时候，林肯也没去他的床前看上一眼。林肯说："如果我去看他，恐怕未必就是好事，闹不好还会弄得大家都不愉快。"

1830年冬天，牛乳症再次爆发，死亡又一次降临在印第安纳州的巴克涵山谷。面对瘟疫，托马斯的心中充满了恐惧。他卖掉了家中的猪和玉米，又以八十美元的价格卖掉了贫瘠的田地，然后造了一辆笨重的马车，将所有的财物和行李搬到马车上，让林肯赶着车，同时吆喝着牛群，开始了又一次的迁徙。托马斯一家的目的地是伊利诺伊州的一个山谷，印第安人将那山谷称作"桑加蒙"，也就是丰饶之地的意思。

牛群在茂密的森林中缓慢前行，笨重的马车行走在山丘之间，他们越过了密林，横渡荒凉的伊利诺草原。在盛夏阳光的炙烤下，一家人踏过了足有六英寸高的枯黄草原。

在文森斯，林肯第一次见到了印刷厂，那时候，他二十二岁。到迪凯特后，一家人在法院的广场上歇脚。二十六年之后，林肯依然记得当时的情景，还能够准确地指出当年马车停靠的位置，他跟人说："那时候，我真的想不到我也能够成为律师。"

关于这段远行，赫恩登曾经有过记载，他在他的《林肯传》中写道：

> 林肯先生曾经跟我提起过这段旅程。他说，那时冬天还没有过去，马路上的积雪白天融化，晚上又会再次冻结，路上走起来尤其艰难，再加上当时有牛群同行，就更难了。那时候，河上还没有桥梁，除非能够找到绕行的小路，否则就只能赶着牛群趟河而过了。跟随林肯一家远行的还有一条狗，有一天这小家伙掉队了，直到大家过了河之后才发现小狗还在河的对岸。面对沿着破冰边缘流动的河水，小狗不停地叫着，却并不敢下水前行。急着赶路的人中，大部分都觉得，回去救这条小狗只能耽误大家的时间，再无其他意义，

因此想要扔下狗继续赶路。但他不同意，他不忍心小狗就这样被抛弃，于是林肯脱下了鞋和袜子，独自蹚河回去，将狗救了回来。林肯说："看到小狗被救后那欣喜的样子，我觉得自己受的冻和累非常值得。"

就在林肯一家赶着牛群行走在大草原上的时候，当时的国会正在激烈地讨论一个议题，那就是州政府是否有权退出联邦政府。讨论中，丹尼尔·韦伯斯特从座位上站起来，用近似吼叫般的声音发表了一场后来被林肯称为"美国演说典范"的演讲，也就是著名的《韦伯斯特答海恩书》。那次演说的结尾一直被林肯奉为经典，并将之当作自己的政治信仰，即"一个美国，不可分割"。

美国的分裂问题，直到三十年后才得以解决，靠的不是韦伯斯特的强悍，也不是克莱的才华和卡尔霍恩的声誉，这一功绩是属于林肯的。不过在韦伯斯特发表演说的时候，林肯还只是一个籍籍无名的小伙子，正赶着马车行进在前往伊利诺伊州的路上；在那些大员们慷慨陈词、激昂雄辩的时候，戴着鸭舌帽，穿着鹿皮马裤的林肯正在马车上引吭高歌，他唱的是："你好啊，哥伦比亚，快乐的园地。你还没有开怀畅饮，可是我却已经醉倒了。"

获得认可

林肯一家的最后落脚点是在伊利诺伊州的迪凯特附近，他们将房子建在树林间的峭壁上，那里地势稍高，一眼就可以看到桑加蒙河。

林肯已经是成年人，自然要参加劳动，他帮家里砍树、建房子、整理耕地，还驾着耕牛开垦出十五英亩的田地，种上了玉米。另外，林肯还将自己家的地围上了栅栏。

第二年，林肯开始帮附近的农夫做零工，其间做了很多种类的活儿，耕田、除草、劈木柴以及杀猪等，他都做过。

林肯一家搬到伊利诺伊州的那个冬天，是当地最寒冷的冬天之一。草原上的积雪足有十五英尺厚，牲畜被冻死不少，麋鹿和野鸡也基本绝迹，甚至很多人被冻死了。

那时候，林肯想要一条用白核桃树皮漂染成的棕色牛仔裤，可他自己没钱，只能靠劳动获得，而劳动量就是一个冬天砍一千根木条。林肯每天都要走三英里才能到达工作的地方，中间要穿过桑加蒙河，有一次过河的时候，小木船翻了，他掉进了冰冷的河水当中。从水里爬出后，林肯朝着最近的人家瓦尔克少校家里去了。可是，还没有走到少校的家，他的双腿就冻僵了。后来他被人救起，送到了少校的家中，才得以存活下来。之后的一个月，林肯都无法下地行走，只能躺在少校家的壁炉旁，给别人讲故事，或者自己看书。那段时间，他通读了《伊利诺伊州法典》。

在这之前，林肯曾经追求过少校的女儿，但被拒绝了。少校认为，出身低微的林肯配不上自己的女儿。确实，当时的林肯很落魄，没有属于自己的任何土地，更重要的是，他并不想拥有自己的土地，因为他已经厌倦了耕种的生活，而想要走出村庄，出人头地，去外面做一个体面的人。在林肯看来，这是自己的志向，不过在少校等人眼中，这不过是不切实际的幻想罢了。

其实，林肯是有过引以为傲的经历的。那时候，他还在印第安纳州，一次他跟着一条小船南下前往新奥尔良，途中见到的新鲜事物让林肯很兴奋，情绪也很高。有一天晚上，小船在杜谢恩夫人的橡胶园边靠了岸，结果一群拿着刀的黑奴爬上了他们的小船。那群人想要将船上的人都杀死，然后抢夺物品。

那是林肯第一次见到强盗，可他并没有害怕，而是拿起棍子跟对方打了起来。他打伤了三个强盗，又将其余的强盗逼回了岸上。不过搏斗的时候林肯也受了伤，被一个黑奴用刀砍中了前额，并在右眼处留下了一条永久的伤疤。

枯燥单调且看不到任何希望的生活使林肯一直梦想着离开土地，最后这个想法越来越强烈，即使他的老父亲托马斯也无法阻止他，林肯开始寻求其他出路了。

林肯在河边找了一份工作，跟自己同父异母的兄弟以及几个远房亲戚一起帮别人伐木，然后造成船，将熏肉、玉米等装上船运到南方。酬劳是每天五十美分，外加一定的奖金。

在船上，林肯负责烧饭、驾船，一有空闲，他就给大家讲故事，跟他们玩扑克，有时候还会放声歌唱：

世上最瞧不起别人的是戴头巾的土耳其人，
他们留着长长的胡子，四处闲逛，
眼里除了自己，谁也看不见。

这一段河上的生活，让林肯终生难忘。赫恩登曾在《林肯传》中记述过这段时光：

在新奥尔良，林肯第一次体会到了奴隶制度的残忍和恐怖，在那里，他见到了戴着镣铐干活儿的奴隶，更看到了他们被人鞭打的情景。所有这些，激起了林肯的正义感，给他留下了深刻的印象。带给他最深震撼的，还是他亲眼目睹的买卖奴隶的过程。有一天早上，林肯和伙伴在城中闲逛，路过一个奴隶拍卖会，当时，人们正在拍卖一个俏丽的黑白混血女孩。女孩一动不动地站在那里，任由想要买走她的人察看，有的甚至还会捏她的皮肤，或者让她像马一样跑来跑去，以测试她的灵敏度和反应速度。整个过程中，根本没有人将这个女孩当人看。不过在拍卖师眼中，这是再正常不过的，他说："买家有权知道他要购买的东西是否健康、完好。"然而，在林肯的眼里，这个过程是让人无法忍受的，最后他怀着"无比的憎恶"离开了会场。事后，他跟自己的伙伴说："如果有机会，我一定狠狠地鞭打它（奴隶制度）。"

林肯的雇主丹顿·奥法特先生对林肯颇有好感，他喜欢听林肯讲故事，也喜欢林肯的做事风格。因此，奥法特先生让林肯回到伊利诺伊州的塞勒姆帮自己照看生意。塞勒姆是桑加蒙河边的一个小村庄，只有十五到二十户人家的样子。在那里，林肯不仅看管奥法特先生的小杂货店，还负责管理一家磨坊和一个锯木厂。林肯一直在这里待了六年，这六年的光阴对林肯产生了极大的影响。

在塞勒姆村中，住着一群粗野、好斗的地痞。这些人将自己称为"克拉里的丛林之王"，他们喝酒，说脏话，打架，并宣称自己是这一带最为强悍的人。

其实，这些人的本质并不坏，他们讲义气、大方且有一定的同情心。他们那么做纯粹是怕被人看不起。当奥法特先生带着他的新店员林肯来到这里，并当众宣布林肯是一个强壮勇敢的人时，那些人就不高兴了。他们决定，给这个新来的"暴发户"一点儿颜色看看。

然而，让这些人没想到的是，本来想用来打击林肯的体能比赛，成了林肯的个人展示秀。林肯在跑步、跳高和铅球三个项目上，都获得了冠军。同时，林肯还凭借自己伶俐的口齿和各种奇异的故事获得了这些人的好感，打消了他们的敌对意识。

让林肯更受欢迎的，是他和地痞头子的摔跤比赛。那天，全镇的人都聚集在白橡树下，观看林肯和混混儿头子比赛摔跤，最后，林肯取得了胜利。那以后，混混们彻底被林肯折服了，他们请林肯担任赛马和斗鸡的裁判。林肯没有住处，没有工作的时候，这群人会将他带回自己的家，供他吃穿，林肯成了塞勒姆真正的"王"。

在塞勒姆，林肯收获的不仅是众人的尊重，还有当众演讲的机会。以前，林肯也在不停地练习演讲，不过听众只是跟他一起干活儿的几个乡间农民，他根本没有应对大场面的心理素质和能力。不过，在塞勒姆，林肯找到了机会。

塞勒姆有一个文学会，每星期六晚上都会举办固定的活动。林肯加入文学会后，很快就成了那里的领导者。活动上，他给众人朗诵自己写的诗歌，给他们讲故事，有时候还会即兴发表对桑加蒙河航道问题的见解等。

这些活动对林肯的帮助是巨大的。它不仅锻炼了林肯的心理素质，让他在众人面前演讲的时候不再紧张，还拓宽了林肯的视野，唤起了他的雄心。

几个月后，奥法特的杂货铺关门了，林肯失业了。当时，正是临近选举的时候，整个国家都笼罩在浓厚的政治氛围当中。林肯觉得，这是一个大好的机会。

在当地的教师门特·格雷厄姆的帮助下，林肯完成了平生第一份公众演讲稿。演说中，他宣布竞选州议员。他说他关心"推动内政进步、治理桑加蒙河航行、改良教育、司法"等问题。

在演说的最后，林肯说道："我出生在最贫困的家庭中，我没有钱，也没有具备影响力的亲友推荐我。如果大家觉得我这样的人不适合参与竞选而不投我的票，我也不会懊恼，因为我早已经习惯了这种失落。"

几天之后，一位骑士来到塞勒姆，并带来了一个让人震惊的消息。他说，印第安的酋长布莱克·霍克正带着自己的部队往这边行进，他们一路烧杀抢掠，让整个罗克河都笼罩在一片红色恐怖之下。

为了应对这些人，州长决定组建军队，于是开始征募志愿军。很多人都应征入伍，这其中自然也有当时正处于失业而又一文不名的公职候选人林肯，而且他还被选为队长。林肯试图训练镇子上的那群小混混，不过他们并不买账，而是在背后说："滚你的去吧！"

赫恩登说，林肯始终认为，自己参加这场战争不过是一种度假或投机式的历险。事实也确实如此。

后来，林肯在国会演说时说："我从未攻击过印第安人，只不过打击了狂野的野葱头，也没看见过印第安人，倒是跟蚊子们决斗了好几场。"

那次战役结束后，"林肯队长"又投入政治运动中。他挨家挨户地拜访，跟人握手，给人讲故事，对每一个人的观点都表示赞同，并四处发表演说。

很快,选举的日子到了,虽然林肯很努力,但他还是没能赢得最后的胜利,他落选了。

两年后,林肯再度出马,这次他成功了。在此之后的1836年和1838年,他都获得连任。

在当时的塞勒姆,有一个叫杰克·凯尔索的人。这个人整天钓鱼、拉提琴、朗诵诗篇,却从来不事生产,家中只能靠他妻子接待一些寄宿者维持生活。镇上的居民都认为凯尔索是一个彻头彻尾的失败者,但林肯不这么看,他主动和凯尔索交朋友,且深受他的影响。

在认识凯尔索之前,莎士比亚和伯恩斯对于林肯而言,只是人名而已,没有任何意义。认识了凯尔索,尤其是听了凯尔索读《哈姆雷特》、背《麦克白》之后,林肯才第一次感觉到英语竟然可以如此美妙和丰富。由此,他也生出了对莎士比亚和伯恩斯的崇敬。尤其是伯恩斯,林肯不仅崇拜他,还感觉他非常亲切,因为对方有着跟他类似的经历。

伯恩斯也是一个农民,也曾像林肯一样贫穷,他出生在一栋木屋里,和林肯出生的地方差不多。而且,伯恩斯也曾耕过田,捣毁过田鼠窝,但这些都没能阻挡他成为一个大文学家。当然,更让林肯震惊的是,莎士比亚和伯恩斯也都没有上过大学,他们所接受过的教育,跟他并没有多大差别。

这两个大人物的经历,让林肯受到了极大的鼓舞,他开始想,或许我这个没有接受过什么教育的穷小子,也可以做出些文雅的事情来,或许我不该继续留在这乡间的小杂货铺了。

从那以后,莎士比亚和伯恩斯就成了林肯最敬爱的两位作家。他读得最多的就是莎士比亚的作品,差不多比其他作家的作品加在一起还要多。甚至在白宫,一心忧虑美国内战时,他也会挤出时间来读莎士比亚的作品。不管有多忙,他也要跟研究莎士比亚的专家们讨论剧本。就在他在被枪杀的那个星期,林肯还曾给朋友们朗读了两个小时的《麦克白》。

因此，我们或许可以说，那个塞勒姆的"失败者"凯尔索，不仅对小镇产生了影响，甚至也影响了白宫。

塞勒姆村创始人詹姆斯·拉特里奇是一个南方人，他有一个魅力无限的女儿，叫作安。林肯第一次见到安的时候，十九岁的安还是一个金发碧眼的女孩，已经跟当地最富有的商人订婚了，但林肯还是爱上了她。

安虽然跟富商麦克尼尔订了婚，但并没有举行婚礼。安跟她的未婚夫有一个约定，要等到她上完两年大学后再跟他完婚。

林肯来到塞勒姆不久，就听到了一件怪事。麦克尼尔卖掉了自己的店铺，说是要去纽约将自己的父母和兄弟接过来，跟自己同住。在麦克尼尔走之前，他找到自己的未婚妻安，跟安说了一些事情。那些事让安很害怕，然而，年幼的她还是决定等他回来。

几天之后，麦克尼尔就出发了，他答应安会常给她写信。

那时候，林肯是村子里的邮差。当时邮寄信件的价格很贵，是按照路程长短来收费的，一封信的价格在六美分到二十五美分不等，是一笔不小的数目。因此往来的信件很少，每周只会送两次，并不是天天都有。

每当信件邮寄过来之后，林肯便会将它们放进自己的帽子里，然后去派发。人们见到林肯之后，都会询问他是否有自己的信件，而林肯总是摘下自己的帽子，让对方看个究竟。

麦克尼尔走之后，安每周都要找林肯两次，问有没有她的信。直到三个月后，安才收到了第一封信。在信中，麦克尼尔对自己一直没给安写信的事作了解释，他说自己在经过俄亥俄州时病倒了，在病床上躺了三个星期，所以未能及时写信。

然而，让安失望的是，麦克尼尔的第二封信又间隔了三个月才到，而且语气冷淡，内容也很少，只说他父亲生病了，他被债主们纠缠，不知道什么时候才能再次回到塞勒姆。

这封信后的好几个月，安都没有再收到信件。她不禁有些怀疑麦克尼尔是否真正爱过她。

林肯看到安伤心的样子，心里很难受，于是向安承诺愿意帮助她去找麦克尼尔，结果被安拒绝了。安说："他知道我在这里等他，却连信都不肯写给我，那么，我也不愿叫人主动去找他。"

没几天，安就跟父亲说了麦克尼尔临走前对自己说的话，她告诉父亲，麦克尼尔曾告诉她，他一直都是隐藏了真实姓名的，他真实的姓名是麦克纳马尔，他说他的父亲在纽约经商，但失败了，背上了很多债务。作为家中的长子，他只身来到西部赚钱。他担心一旦用了真实姓名，家人便会来找他，从而成为他的拖累，因此才换了名字。如今，他赚到钱了，所以决定回去接父母过来，一起享福。

很快，这件事就在村子里传开了，并造成了很大的轰动。人们都认为这是彻头彻尾的谎言，麦克尼尔就是一个大骗子。人们都猜测，或许麦克尼尔早就已经结婚了，说不准他还有两三个妻子，也没准儿他是一个杀人犯……

人们都认为，这样的人抛弃了安，是安的幸运。对这些传言，林肯没有作过任何评价，也没参与过议论，他觉得，也许自己的机会来了。

稍纵即逝的幸福

拉特里奇的小旅店其实只是一个粗糙而又破旧的小木屋，和西部其他的木屋没有任何区别，第一次来到这里的人绝对不会多看它一眼。但是，如今的林肯心思都在这小木屋上。对他来说，小旅店就是一座漂亮的大厦，自己每一次跨进门槛，都不免心跳加快。

林肯从凯尔索处借来一本莎士比亚的戏剧集，躺在店铺的柜台上，反复地朗读下面的句子：

柔柔的,那扇窗照进来的是什么光?

那是东方散发出的光辉,朱丽叶就是那发光的太阳。

林肯合上书,呆呆地躺着,回忆安前天晚上跟他说过的每一句话,对于现在的林肯,生命中只剩下一件事——跟安一起度过每一天。

当时,村子里很流行缝被子的聚会。由于安心灵手巧,做出来的被子如同工艺品一般精巧,因此她是聚会的常客。早上,林肯便骑着马,将安送到缝被子聚会的地点,晚上再去接她回来。有一天,林肯壮着胆子,走进了聚会的那所房子,坐在了安的旁边。情人在身边,让安很是忐忑,她的脸红彤彤的,手也有些发抖了,因此针法有些走样。旁边的妇女将这景象看在眼里,不禁笑了。那天安缝制的那床被子,一直被它后来的主人珍藏着,当上总统之后,林肯还经常将它拿出来,让众人看那些凌乱的针脚,给众人讲述安当时的慌乱模样。

夏夜,林肯和安会去桑加蒙河的岸边散步。树上,夜莺在吟唱,空中,萤火虫编织出一道道光网。秋季,他们则在树林中徜徉,感受如火的橡树叶,倾听着胡桃果子落地时的啪啪声。冬季,他们则在白皑皑的积雪中蹒跚。那时候,橡树、桉树和胡桃树的繁花已经落尽,留下了褐色的貂皮大衣般的外皮,迎风而立。榆树的嫩枝,也都缀满了珍珠般光亮的冰粒,冷冷地站在那里。

如今,这对恋人已经进入美满期,世界在他们的眼中是那么柔美、神圣。每当林肯深情地望着安那蓝蓝的眼睛的时候,安的芳心便会像小鸟一般,想要婉转歌唱;而只要触碰到安那柔软的小手,林肯心中便激动不已,感觉呼吸在这一刻都已经停止。

在那之前不久,林肯曾经和一个名叫贝利的酒鬼合伙做生意。当时,塞勒姆的经济形势非常不好,所有的店铺都在挣扎着苟延残喘,但林肯他们两个没看到这一点,依然执着地买下了三间破烂的店铺,收拾了一番,开始了自己的创业生涯。

有一天，一个驾着篷车前往艾奥瓦州的过路人，在林肯的店铺前停下了。由于旅途颠簸，让瘦弱的马疲惫不堪，那个人决定卸下一些东西，以便轻装上路。于是，他卖给林肯一桶零碎家私。其实，那些破烂对林肯来说毫无用处，但林肯对瘦弱的马儿起了恻隐之心，不想让它再背负那么沉重的东西。于是就用了五十美分的价格，买下了那桶东西。买完后，他看也没看，便将那个桶扔到了店铺的某个角落。

　　两周之后，林肯想起了那桶货物，才发现自己还没有仔细看过自己到底买了些什么。于是他又翻出那个桶，将里面的东西倒了出来。在最底层，林肯发现了一本《法律评论》，便捧在手中认真地读起来了。

　　那段时间，正是农忙的时候，店里的客人很少，因此林肯可以有大把的时间读书。他越看越有兴致，以致一口气就读了四卷。

　　这本书让林肯喜欢上了法律，并立志要当一名律师，让他的安为他骄傲。安听了林肯的计划后，也非常赞同。他们约定，林肯学有所成的时候，他们就完婚。

　　读完了《法律评论》之后，林肯，前往二十英里之外的斯普林菲尔德，找到了一名曾经熟识的律师，跟他借了很多关于法律的书籍。回家的路上，林肯边走边读，遇到晦涩难懂的地方，便停下脚步细细思索，想通了之后再继续前行。就这样，走走停停，一路看了好几十页，直到发现天已经黑了，他才加快了脚步。

　　此后的很长一段时间，林肯将所有的心思都放在了书上，无暇他顾。白天，他躺在小店旁的榆树下看书，晚上，他来到制桶工厂，收集散碎的废料，将之点燃，然后借着火光看书。他时而大声朗读，时而合上书本细细品味，有时候还会默写书中的段落，写完后对照着书修改、重写……直到觉得自己写的东西足够通畅简练，连小孩子也能看懂之后方才罢休。

　　不管是在河边散步，还是在林间徘徊，甚至是去田间工作，林肯都会夹着书本。有一天下午，雇佣林肯帮自己砍树的农民发现，林肯正躲在谷仓的角落里研读法律著作。

门特·格雷厄姆对林肯说："如果你想在法律界出人头地，那么你必须要学会语法。"

林肯听了马上问："哪里可以弄到语法书呢？"

格雷厄姆说："六里地之外的约翰·万斯有一本柯卡穆写的语法书……"

听到这里，林肯霍地站了起来，戴上帽子就出门借书去了。

林肯很快就读完了柯卡穆写的那本语法书，并掌握了正确的语义用法，快得甚至让格雷厄姆感到惊奇。三十年后，格雷厄姆对记者说，他教过的学生一共有五千多个，而林肯是他见过的"在求知的路上最积极、最勤奋、最用功的人"。格雷厄姆还说："我了解林肯，他曾花了好几个小时，反复推敲三种表达方式中哪一种最好。"

读完语法书之后，林肯又相继读了《罗马帝国衰亡史》《古代历史》《理性时代》，以及有关杰弗逊、克雷和威伯斯特的传记。

这个与众不同的年轻人，每天穿着肥大的蓝布棉袄、粗笨的皮鞋和浅蓝色的马裤，在塞勒姆村逛来逛去，读书、学习、做梦和给人讲故事。无论他走到哪里，都能交上一大批朋友。

已故学者阿尔伯特·贝弗里奇是著名的林肯研究家，在他所写的林肯传记中曾写道："他吸引别人的，不仅是他的智慧和讲不完的故事，还有他那奇异的着装，他那笨拙的穿戴，这让他成了人群中的异类。虽然他肥大的马裤常常引人发笑，但却让所有人都记住了他。"

最后，林肯和贝利的商店倒闭了。这是人们意料之中的事，因为林肯整天读书，而贝利天天沉溺于酒杯当中，两个人都不照顾生意，自然没法赚钱。如今，林肯失去了经济来源，没有吃的，也没有住的地方，他只能靠做些体力活来维持生计。这段时间他帮人砍木头，堆干草，剥玉米，到锯木厂当搬运工，还当过铁匠。

后来，在格雷厄姆的帮助下，林肯学习了三角学和对数，他想要当测量员了。之后，他贷款买了一匹马、一个罗盘，又砍了一根葡萄藤做链条。然后他就开始了自己的测量员生涯，每测量一块地可以获得三十七美分的报酬。

此时，拉特里奇的小旅店也破产关门了，出于生活的压力，安到一位农夫家去做烧饭女工了。林肯知道后，便去了安所在的农场，找了一份耕种的工作。晚上，他便去帮安擦洗盘子。林肯觉得，只要能在她身边，就是最快乐的。不过从那以后，他再也没有享受过那种狂喜和满足感，这成了林肯终生的遗憾。直到去世前不久，他还曾向一位朋友说，他在伊利诺伊州当农场工人的时候比当白宫的主人的时候更快乐。

1835年8月，安生病了。最开始，她只是感到疲倦，依然照常工作，可是有一天早上，她竟突然无法下床了，并开始发高烧。安的哥哥骑马去塞勒姆接来了艾伦医生，医生对安进行了简单的检查，说她得了伤寒。安的身体里好像有火苗在翻腾，但两脚冷冰冰的，只能用热石头取暖。她不停地嚷着要喝水。现代医学表明，安的情况应该用冰敷以解热，然后尽量给她多喝水，但当时的艾伦医生并不知道这些。

最后，安虚弱得连手都抬不起来了。艾伦医生让安静养，不准她见任何客人，即使林肯也不可以。不过，安的嘴里不停地念着林肯的名字，于是安的家人找来林肯，让他陪着安。林肯走进了安的屋子，关上了门，这对年轻的恋人默默相对，深情地凝视着对方，这是他们最后的时光了。

第二天，安失去了知觉，从此再也没有醒来。

安离去的那段时间，是林肯一生中最灰暗的日子。他吃不下饭，睡不着觉，也不愿见人，只是呆呆地望着远方，仿佛他的灵魂已经跟随安一起离开了似的。朋友们看到林肯的样子非常担心，他们怕他会自杀，于是偷偷拿走了他的小刀，并在跟前时时照看他，以防止他跳河。

安被安葬在"协和公墓",林肯每天都会徒步走到那里,坐在安的墓前,陪伴她。有时候,林肯在那里一待就是一天,朋友们怕他伤心过度,不得不强行将他带回家。每当有暴风雨的时候,林肯就会放声大哭,说自己无法忍受暴风雨对安的墓地的欺凌……

后来,有人看到林肯在桑加蒙河边独自行走,嘴里还念念有词,于是觉得林肯的精神好像真的出问题了,就帮忙叫来了艾伦医生。艾伦医生知道林肯的状况,于是跟人们说,林肯需要参加一些劳动,如果让他干些活,转移一下注意力,会好很多。

林肯有一个非常要好的朋友,叫鲍林·格林,住在村子北边大约一英里的地方。格林听了艾伦医生的话后,将林肯带走了,他跟众人说自己会照顾好林肯。

格林家所在的地方非常幽静,屋后是山林,屋前是一片平地,直接跟桑加蒙河相连。格林跟自己的妻子南希说了林肯的情况,南希便给林肯找了很多的活。她让林肯帮着砍柴、挖土豆、摘苹果、挤牛奶等,甚至连她纺纱的时候也会叫上林肯,让他帮忙扯线,故意让林肯忙得没时间休息,也没时间胡思乱想。

时光飞逝,很快就到了1837年,此时安已经去世两年,不过林肯对安依然无法彻底忘怀。他曾经跟一个议员说:"在众人面前,我常表现得很开心,仿佛已经忘记了安的样子,可是每当我独处的时候,就会感觉无限悲伤,或许我只有将自己了断了,才会好些。"

安的离去,让林肯变成了另一个人,一个伊利诺伊州最忧郁的人。很多年以后,林肯的伙伴赫恩登说:"几十年来,林肯从没有过过一天开心的日子……不管他走到哪里,忧郁都伴随着他。"

从那以后,林肯也表现出对哀婉和描写死亡的诗篇的喜爱,甚至已经到着魔的地步。他常常一个人呆坐,一副无精打采的样子,然后突然间说出《最后的枝叶》中的句子:

他曾经吻过的大理石/已经长满了青苔;/他心爱的名字/也早

已经刻在了墓碑上。

　　安死后不久，林肯就喜欢上一首描写死亡的诗，并时常挂在嘴边，没人的时候念给自己听，有人的时候背给别人听。这首诗一直伴随着林肯，在很多公众场合，甚至是在白宫的客人面前，他都曾经背诵过这首诗。他还曾将这首诗赠送给自己的朋友，并说："如果我能写出这样的好诗，我愿意失去一切。"

　　这首诗的最后两节是林肯最喜欢的：

　　噢，希望与失望，欢乐和痛苦，/ 在阳光和暴雨中交织。/ 微笑和眼泪，欢歌和挽歌，/ 如海浪般紧紧相随。/ 眨眼呼吸间，/ 生命之花便随风而去，/ 金色的殿堂变成了棺木与青衣。/ 噢，人类，你为何那般的骄傲？

　　安埋骨的"协和公墓"在一片静谧的耕地中央，三面被麦田环绕，另外一面是牛羊觅食的牧场。如今，墓地长满了杂草和野藤，极少有人前往。春天，鹌鹑会来这里筑巢，乌鸦和羊群也会到这里觅食，只有那时偶尔几声羊鸣和鸽啼才会打破这一片寂静。

　　安就在这里静静地安息了五十余年。1890年的时候，当地的一个商人在四英里外的彼得堡建了一个新公墓。当时，彼得堡已经有了环境优美的墓地，叫"玫瑰山公墓"，因为新建的墓地销售得很不理想，商人便想到了林肯情人的坟墓，想将其迁到自己新建的墓地来以帮助自己的墓地打开销路。

　　于是，大概在1890年5月15日，商人挖开了安的坟墓。那么，安的坟墓里到底是一个什么样的情景呢？这点，一位老人揭开了谜底。

　　这位老人是安的第一个外甥的女儿，她曾经向本书的作者起誓，以证明她的诚实，然后告诉了我所有的一切。

　　她说，她的父亲常和林肯一起在田间劳作，也曾帮助林肯测量过土地。有一段时间，他们同吃同住，因此对林肯和安之间的感情所知甚多。

老人说:"我常听父亲说,安死后,林肯常常会步行五英里的路来到安的墓前呆坐。父亲担心他会做出傻事,因此总是赶过去将林肯带回来……当时,安的墓地被撬开的时候,父亲就在现场,我听他说,当时安的尸体已经不在了,坟墓里有的仅仅是安的裙子上的四颗珍珠纽扣。"

商人将那四颗珍珠纽扣和一些安的坟墓中的泥土一起带了回去,埋在自己新建的墓地中,并对外宣称那里就是安的墓地。

如今,每年夏季的时候,都会有很多香客去那所谓的香冢前朝拜。我曾亲眼看到他们对着坟墓中的四颗纽扣低头流泪,在这四颗纽扣的上面,有一块雄伟的纪念碑,上面刻着埃德加·李的一首诗:

微不足道的我,/演奏出不朽的乐章。/"不怨恨,要仁慈"/在芸芸众生间流传。/在我身外,是无限的宽容,/我们民族慈祥的面孔与正义同在,/闪闪发光。/我叫安·拉特里奇,/安睡在这荒草之下,/我生前,/曾和亚伯拉罕·林肯相爱,我们生不能同眠,/但死让我们灵魂同在。/噢,亲爱的祖国,愿你永远辉煌,/在我身前的大地上绽放出美丽的花朵。

贪婪的商人带走了安的遗物,但带不走她的灵魂,安的灵魂依然在"协和公墓",在那里还有她和林肯的记忆。在那里,放声欢唱,野玫瑰也在肆意开放,同时还有亚伯拉罕·林肯的泪和爱。林肯说,他的心已经埋在那里,跟安一起,长眠在那块土地下。

结识玛丽

1837年3月,安去世的两年后,林肯骑着一匹借来的马,离开了塞勒姆,奔向了斯普林菲尔德,开始了被他称为"实习律师"的生涯。

林肯将自己所有的财产装进马鞍上的袋子中，离开了。他的财产很少，只有几本书和几件衣物。其实，林肯本来是有一笔钱的。他当邮差的时候正赶上小村的邮局倒闭，邮局中剩下的钱款由他保管着，但他没有将这笔钱据为己有，而是在邮局查账员来查账的时候，全部交了上去。

　　来到斯普林菲尔德的时候，林肯不仅身无分文，而且还背负着一千一百美元的外债，那是他跟贝利开店时欠下的。此时，贝利已经去世，这些债务自然都落到了林肯的身上。其实，林肯可以将生意失败的责任推到死去的贝利身上，然后一走了之，但他觉得这样有违诚信，因此没有这样做。他主动找到了债主，请求对方给他一点时间，保证以后连本带利全部归还。在所有的债主中，只有贝尔没有同意林肯的请求，他拿走了林肯的马和土地测量仪，将之卖掉了。其余的债主足足等了十四年，在这十四年中，林肯省吃俭用，总算将债务还清了。

　　到达斯普林菲尔德时，林肯将自己借来的马拴在了广场西北段斯皮德的店门口。根据斯皮德的回忆，当时的情况是这样的：

　　当时，他骑着一匹借来的马，拿着一副从村里木匠那里定做的单人床架，走进了我的店铺，问我配齐一副单人床架所需的家具要多少钱。我算了一下，告诉他一共要十七美元。他说："还能再便宜点吗？我不是说你的价格高，而是我现在拿不出十七美元来。如果你答应赊给我，那么等到圣诞节的时候，而恰巧我的律师业务又得以成功地展开，那么我会还钱给你。否则，我可能永远也还不上这笔钱了。"当时，他的语气很忧郁，不禁让我产生了同情，我抬头看了他一眼，那是一张极度悲伤的脸，我这一生中从没见过那么悲伤的脸，直到现在也是如此。我被他的悲伤打动了，于是开口说："如果你不介意的话，我有一个可以让你不必花这笔钱的主意。我这里有一张大的双人床，你要是愿意，可以跟我住在一起。""睡房在哪？"他问。"在楼上。"我指着楼梯口回答他。他听了我的回答，直接就提起工具包上楼去了。不一会儿,他满脸兴奋地走了下来,激动地跟我说:"噢,斯皮德,我搬进来了。"

之后的五年半时间,林肯都跟斯皮德住在一起,他没有付过一分钱的房费。

林肯这五年的衣物和饮食,则是另一位朋友资助的,他叫威廉·巴特勒。林肯曾想给巴特勒一些补偿,但他们之间根本就没有详细的账目,完全是朋友间的那种随意资助,因此谁也不知道这些年他一共资助了林肯多少钱。对这两位好友,林肯十分感激,他一直认为,如果没有他们,那么他的律师梦只怕永远也难以实现。

之后,林肯和一位名叫斯图尔特的律师合作,开了一家律师事务所。斯图尔特大部分时间都在忙政治,因此事务所的例行公事和办公设备的筹备工作都由林肯负责。说是办公设备,其实并没有什么,不过是一张小床,一套制服,一张椅子和一个长凳而已。另外,还有一个简易的书架,摆了几本法律书。

根据他们事务所的记录,在开始的半年中业务非常少,只赚到五笔律师费,其中一笔两美元五十美分,还有两笔是五美元的,另外一笔是十美元,剩下的一个案子,他们收到的酬劳是一件大衣。

面对这样的业绩,林肯相当沮丧,甚至想过放弃律师行业,去当一个铁匠。

对林肯来说,他在斯普林菲尔德的第一年是非常凄惨的。他只认识偶尔到斯皮德店里来谈论政治的那几个人。周日,林肯也不愿意去教堂,按照他的说法,在斯普林菲尔德那优美的教堂里,他不知道自己该如何自处。

那一年,只有一个女人和林肯说过话,在后来写给朋友的信中,他写道:"如果不是不得已,她是不会跟我开口的。"

不过,1893年的时候,有一个女人不仅跟他说话,还执着地追求他,想要嫁给他,这个人就是玛丽·托德。

玛丽曾经在肯塔基州的一所著名学校中学过法语。负责那所学校的是一对来自法国的贵族夫妇,大革命时期,他们为了不被杀害,从法国巴黎逃了出来。玛丽跟他们学了一口纯正的巴黎口音,还跟他们学会了法国贵族们常在凡尔赛宫跳的交谊舞。

玛丽身上有一股高贵的气质,她也确实自视甚高,觉得自己比别人优秀。她坚信,她所嫁的男人有朝一日必然会成为美国的总统。尽管她的这些观点常常遭受别人的嘲笑,但她从不怀疑,而且还经常在众人面前公开夸口。

关于玛丽,她姐姐对她的评价是:"喜欢炫耀、虚荣和权力,是我见过的最有野心的女人。"

玛丽的脾气很坏。1839年的一天,她和继母吵架,然后砰的一声关上门,生气地离开了父亲的家,来到了斯普林菲尔德,跟她已经结了婚的姐姐住在一起。

如果一心想要嫁给能够成为美国总统的人,那么玛丽算是来对了地方。虽然那时候的斯普林菲尔德仅仅是一个脏兮兮的西部小镇,没有人行道,没有路灯,也没有下水通道,但后来成为1860年总统候选人的两个年轻人,在1839年的时候都生活在这里。他们一个是民主党候选人斯蒂芬·道格拉斯,另一位就是本书的主角,共和党候选人亚伯拉罕·林肯。

两个人都认识玛丽,也都追求过玛丽。玛丽还说,两个人都曾向她求过婚。根据玛丽的姐姐回忆,她曾问过妹妹,想要嫁给哪一个,玛丽回答她:"嫁给那个最有可能成为美国总统的。"

这话虽然并未说明具体的对象,但处在当时环境中的人都已经知道玛丽的心意了。因为在那时候,道格拉斯的政治前途比林肯要光明百倍不止。当时林肯不过是一个为生计苦苦挣扎的小律师,而道格拉斯已经是州政府的秘书长了。

在林肯还默默无闻的时候,道格拉斯就已经是美国政坛上赫赫有名的人物。事实上,直到林肯当选总统的两年前,依然很少有人了解他,人们只知道这个人曾跟有才有势的道格拉斯辩论过。

玛丽的亲友们也都认为，玛丽中意的应该是道格拉斯，因为他具备足够的个人魅力，跟林肯比起来前途似乎更加美好，社会地位也相对较高。除此之外，道格拉斯还有一副迷人的嗓子，他还擅长跳舞，并且他懂得用甜言蜜语讨好玛丽。

在玛丽的眼里，道格拉斯确实是理想的男人，她甚至有时候会站在镜子前对着自己轻声地叫"玛丽·托德·道格拉斯"，并幻想自己和道格拉斯在白宫里跳华尔兹舞……

在道格拉斯追求玛丽的时候，有一天，在斯普林菲尔德的广场上，他跟一名新闻记者打了起来，那个记者是玛丽最好的朋友的丈夫。

也许是道格拉斯打架让玛丽不爽，也许是玛丽觉得道格拉斯一次喝醉酒后跳上桌子大喊大叫的做法太没教养，因此两个人出现了嫌隙。后来，道格拉斯带着另外一个女孩去参加舞会了，玛丽知道后很是愤怒，于是在舞会的现场让道格拉斯很难堪。这件事，让两个人彻底分道扬镳了。

关于当时的情景，参议院贝弗里奇曾提出过另一种说法，他说：虽然玛丽一直说道格拉斯曾经向她求婚，并被自己以对方"道德"上不过关而拒绝了，但这更像是玛丽为了保住自己的面子而杜撰出来的。事实上，机灵而世故的道格拉斯是不会向玛丽求婚的。

两个人关系的终结，让玛丽非常失落。为了让道格拉斯后悔自己的选择，玛丽开始疯狂地追求林肯，她的目的很简单，就是想让道格拉斯后悔。不过，玛丽的做法并没有挽回道格拉斯，却真的逮住了林肯。

关于玛丽跟林肯交往时的情况，玛丽的姐姐爱德华太太有过这样的描述：

"我常能看见他们两个在屋里聊天，通常，都是玛丽在不停地说，而林肯则静静地听。他很少出声，只是盯着玛丽，仿佛被玛丽身上散发出的气质牢牢吸引了一般。他被玛丽的机智和聪慧深深地吸引住了。"

那年7月，吵嚷了很久的辉格党（现美国自由党的前身）集会终于召开了。党派人员从四面八方会集而来，他们拿着党旗，敲着锣鼓，场面极为热闹。尤其是芝加哥代表团，还专门造了一艘双桅的官艇，整整一路，他们都在不停地燃放礼炮，同时船上还有跳舞的少女和不间断的乐曲。

民主党的人曾讽刺辉格党候选人威廉·哈里森像个老太太，只知道坐在木屋里，不停地喝难喝的苹果酒。于是，辉格党的人便弄了一辆大车，车上造了一座小木屋，用三十头牛拉着，在斯普林菲尔德的大街上巡游，在木屋的旁边还有一些胡桃树，门口则放着一桶苹果酒。他们觉得，这是对民主党的讽刺的最好回应。

其实辉格党遭受的指责不止这些，还有人曾经说他们是贵族党，因为他们总是衣着光鲜地去争取平民百姓的选票。针对这点，当晚的篝火晚会上，林肯做了回应。他辩解道：

"我刚来这里的时候，是一个贫穷、无亲无故的小伙子。我一个月的薪水是八美元，身上只有一条鹿皮的马裤。而且，那马裤沾水之后再晒干，便会缩水，因此裤腿变得越来越短，以致我的脚踝和小腿只能暴露在外面。我一点点长高，马裤变得越来越短小。现在，您还能看见我的两条腿上有一圈蓝色的条纹，那就是短小的马裤勒的。如果您觉得我这样的人就是衣着考究的贵族，那么我无话可说。"

林肯的演说打动了现场的每一个人话音刚落，人群中就响起了热烈的掌声。

当晚，林肯和玛丽回到爱德华太太家的时候，玛丽表示了对林肯的赞许，她说林肯是一个出色的演说家，有朝一日，他一定能成为美国的总统。

月光下，林肯俯视着身边的女子，而那女子的举动已经表明了她的心，于是，林肯慢慢向她靠近，温柔地亲吻了对方……

两个人决定，1841年1月1日结婚。

这时，离他们约定结婚的日子还有半年，然而这短短的半年时间，却又发生了不少的事情。

没出现的新郎

玛丽跟林肯订婚不久，就表现出自己的强势，她一直想方设法地改变林肯。她告诉林肯不喜欢他的衣着，还用她的父亲跟林肯做了对比。玛丽的父亲每天早上都会出去散步，他手里拄着一根镀金的手杖，穿着蓝色的呢子外衣和白色的尼龙裤子，而且裤腿总是紧紧捆扎在靴子里。林肯则完全相反，平时还好，一到天气炎热的时候，他就干脆不穿外套，有时甚至连披肩都不用。有时候扣子掉了，就削一根木钉来夹住衣服。

玛丽觉得，林肯这种不修边幅的行为让她很没面子，她说这些的时候口气总是很硬，一副命令的样子，完全不考虑林肯的感受。

玛丽曾经在法语学校接受过教育，也学习过比较高雅的交谊舞，但她好像从来都没有学过如何跟别人沟通。她总是用尖酸、刻薄的话跟林肯沟通，搞得林肯很不自在，最后只能尽量躲着她了。以前，林肯一周至少要去找她两次，后来十天半个月也不一定去找她一次，他们之间的感情完全被玛丽的刻薄给毁掉了。然而，玛丽还不自知，她常常写信责备林肯。

不久，镇上来了一个姑娘，叫玛蒂尔达·爱德华。她是玛丽的姐夫的堂妹，高挑、文雅、端庄。玛蒂尔达也跟玛丽一起，住在爱德华家。每次林肯去找玛丽的时候，总是能够看见她。她不会说巴黎口音的法语，也没有学过跳交谊舞，但是她懂得如何跟别人相处，慢慢的，林肯开始喜欢她了。有一次，林肯带着玛丽去参加舞会，但他不愿意跟玛丽跳舞，鼓励玛丽跟别人跳，而他则躲在角落里跟玛蒂尔达聊天。

玛丽发现了林肯的异常，指责他爱上了玛蒂尔达，但林肯并不承认。最后，玛丽失声痛哭，并要求林肯以后不再跟玛蒂尔达来往。

原本是一份甜美而幸福的恋情，就这样变成无尽的争吵和彼此的挑剔。

如今，林肯已经察觉出自己跟玛丽之间的距离了。他们两个无论是受教育程度、家庭背景，还是个人的性格和爱好，都有着巨大的差异。随着交往的深入，两个人之间的分歧越来越大，争吵也越来越频繁。林肯渐渐意识到必须解除婚约了，否则，双方都会受到伤害。

玛丽的姐姐和姐夫也察觉到了两个人的性格差异，他们劝玛丽放弃自己跟林肯的感情，还经常警告玛丽，如此下去对她跟林肯都没有好处，他们的性格决定了两个人在一起不会有幸福，但玛丽完全听不进去。

几周后，林肯终于鼓足勇气，想要跟玛丽说分手的事情了。有一天晚上，在斯皮德的店铺，他拿出一封信给斯皮德看。斯皮德后来回忆说：

"信是给玛丽的。在信中，林肯说自己已经冷静、细致地思考过两个人的婚姻了。他认为，自己并不是很爱玛丽，也不想跟她一起走完一生。他给我看这封信的目的，是想让我帮他把信送给玛丽，不过被我拒绝了。我提醒他一旦将信送出去，那么玛丽一定会拿它说事。我说：'私下里的谈话很容易被遗忘，可一旦这些话变成文字，就成了永远的证据，如果有人想歪曲它，用它来对付你，那么你就永远也解释不清了。说完，我就把那封信扔进了火炉。"

那封信上到底写的是什么，我们已经无从得知。参议员贝弗里奇曾经关注过这件事情，并提出了一种看法，他说："林肯给玛丽的信我们不可能看到了，但是，或许我们可以从林肯给欧文斯小姐的绝情信中，猜测出当时林肯都写了些什么。"

现在，让我们简单了解一下林肯跟欧文斯小姐的恋情。

那是四年前的事情了。欧文斯小姐是贝尼特·阿贝尔夫人的妹妹，跟林肯是在塞勒姆认识的。1836年的秋天，阿贝尔夫人回娘家探亲，临走时她跟林肯说，如果林肯愿意娶她妹妹的话，她会将妹妹带到这边来。

那之前，林肯曾经见过欧文斯一面，因此他跟阿贝尔夫人说自己愿意娶她的妹妹。很快，阿贝尔夫人就将自己的妹妹带回来了。欧文斯小姐面容姣好，而且很斯文，受过良好的教育，还很有钱，不过再次见面后林肯却觉得，欧文斯小姐太主动了，而且年纪也比自己大，更重要的是身材也不好。总之，林肯对之前的承诺有些后悔了。

然而，阿贝尔夫人却并不想就这么放过林肯，她一直催促林肯履行自己的诺言。最后，林肯给欧文斯小姐写了一封信，坦率而有策略地提出了自己的想法，结束了这段感情。

信是1837年5月7日写成的，现援引原文如下：

亲爱的欧文斯：

在寄出这封信之前，我已经写过两封了。不过第一封不够严肃，第二封又太过严肃了，因此两封信我都写了一半就撕掉了。这是我较为满意的一封，希望它能够像我想的那样，顺利地出现在你的眼前。

对我来说，斯普林菲尔德的生活是相当沉闷的。可以说，在这里的时光是我经历过的让我感到最无聊的一段日子。来到这里之后，只有一个女人跟我说过话，而且还是出于无奈，我想，如果她可以避开我的话，她一定会那么做的。到这之后，我从未去过教堂，因为我不知道去了之后我能干些什么。我也曾想过你来斯普林菲尔德之后会是什么样子，结果是，我认为你是不会喜欢那种生活的。这里满街都是四轮马车，不过你却没有机会坐，因为贫穷而只能旁观。你觉得你能够忍受这样的生活吗？我一直觉得，如果有一个女人愿意将自己的命运跟我绑在一起，那么我一定尽我所能让她获得幸福，可是我也知道，至少现在我好像还没有这个能力。当然，如果你能够忍受这一切，那么我们或许也会有幸福。

以前的事，就当一个玩笑，忘了它吧。如果你还当真，我希望你做出决定之前能够好好考虑一下。至于我这边，我会遵守诺言，如果你愿意，我会娶你。但我真的希望你能够放弃这段感情，因为你没有过过那种苦日子，想象不出它的艰难。我知道你很聪明，有很强的处理问题的能力，但我还是希望你在做决定之前，能够仔细考虑一下我的建议。当然，不管你做出什么决定，我都会尊重你的选择。

看完这封信后，请务必给我一个回复。除此外，我别无他求。另外，请转告你的姐姐，我再也不想听到那些关于卖房子、搬家之类的话了，一想到这些，我就头疼。

林肯敬上

林肯跟欧文斯的感情就这么结束了。现在，我们继续回到林肯跟玛丽的感情之中。斯皮德将信扔进火炉之后，对林肯说道："如果你还有点儿男人气概的话，那么就去找玛丽，当面跟她说清楚，亲口告诉她你不喜欢她，也不想跟她结婚了。不过记住，不要说得太多，如果有机会的话，就马上溜走。"

斯皮德后来说："他听了我的劝告之后，穿上大衣，一脸坚毅地走了，去执行我告诉他的方案和计划了。"

关于这件事，赫恩登回忆说，那天晚上，斯皮德没有上楼跟我睡觉，而是拿着一本书在楼下看到很晚。我知道，他表面上是在看书，其实是在等林肯。那天，林肯直到十一点多才回来。斯皮德见到他后很高兴，不过从林肯出去的时间来看，他并没有听从斯皮德的指点，说完后马上找机会抽身。

"伙计，"斯皮德开口道，"你按照我教你的做了吗？"

"是的，"林肯回答道，"我跟她说我不爱她了，没想到她竟然从椅子上跳了下来，双手紧紧绞在一起，好像很难受，嘴里一直说着骗子、自欺欺人之类的词。"

"那你还说了什么？"斯皮德问道。

"说实话，斯皮德，我看到她的样子，当时就慌了。我流下了眼泪，然后将她搂在怀里，之后吻了她。"

"你就是这么跟她解除婚约的？"斯皮德略带嘲讽地说道，"你这不叫解除婚约，而是重归于好。"

"算了，既然已经这样，就随他去吧。"林肯慢悠悠地答道。

日子一天天过着，很快就要到婚期了。裁缝们忙着帮玛丽缝制嫁衣，爱德华家也重新进行了装修，卧室重新进行了布置，换了新地毯，家具也擦得亮亮的。

然而，此时的林肯没有半点儿高兴的意思，反而情绪很低落，一副无精打采的样子。他一天比一天消沉，一天比一天痛苦，内心几乎要崩溃了。尽管他答应了跟玛丽结婚，但其实内心还是抗拒的。然而他好像并没有发现自己内心的抗拒，而只是一味地逃避。他经常在办公室一待就是好几个小时，不想出去，也不想参加任何有关立法的会议。有时候，他凌晨三点就起床了，走到楼下，对着壁炉，紧紧盯着炉火，一直坐到天明。他吃得很少，脾气也变得异常暴躁，不愿见人，见了人也不爱说话。

婚期越近，林肯就越是焦躁。他感觉自己似乎掉进了一个黑洞，在里面不停辗转，却总是走不出来。他开始担心自己了，于是给德莱克医生写了一封很长的信，详细地介绍了自己的症状，并请求医生给自己诊断。医生回信说，他在没有见到病人的情况下，无法给出任何的建议。德莱克医生是辛辛那提大学的医学教授，算是西部最著名的内科医生了。

婚期定在1841年1月1日。那天天气很好，天刚刚亮，斯普林菲尔德的富人们便坐着雪橇开始四处游逛了，他们在用这种方式迎接新年的到来。

在爱德华家里，则是另一番景象，人们都在有条不紊地忙碌着，准备举行林肯和玛丽的婚礼。

新年的夜幕来临了，镇上满是柔和的灯光，临街的窗子都挂满了圣洁的花环。此时的爱德华家热闹非凡，人们的脸上都洋溢着幸福，他们在等待着客人的到来。

六点半的时候，前来祝贺的客人陆陆续续到了。六点四十五分，主持婚礼的牧师也带着用具来了。房间里摆满了鲜花，炉火哔哔剥剥作响，整个大楼都回荡着人们的欢笑声。

然而，今天的主角林肯却迟迟没有出现，直到七点半的时候，还不见他的影子，他迟到了。

时钟在慢慢地走着，十五分钟过去了，三十分钟过去了，可新郎林肯的身影还没有出现。爱德华家的人不住朝门口张望，可还是不见人影。人们心中不禁有了一种不祥的预感，林肯该不会……不，不可能！

此时，玛丽早已经穿戴好婚纱，她几次走到窗前，望向大街，等待着自己心上人的到来。她眼睛一动不动地盯着时钟，手心里满是汗水，看得出她很紧张。然而，又一个钟头过去了，林肯还没有出现……

九点半的时候，客人们相继带着困惑和疑问悄悄离开了。

当最后一个客人走出大门后，玛丽撤掉了头上的面纱，一路小跑着上了楼。来到自己的屋子后，她重重地趴在床上，放声哭了起来。

玛丽的心里乱极了，以后别人会怎么看我？同情？怜悯？嘲笑？她不敢想，却又控制不住自己不去想。在玛丽的脑海里，一会儿出现的是林肯牵着自己的手，两个人走向幸福，一会儿是自己拿着刀，杀了那个负心汉……

那么，林肯到底在什么地方呢？被坏人抓去了，还是出事了，抑或是自己逃走了？没有人知道。

半夜的时候，男人们打着灯笼，四处寻找林肯，有的去了林肯常去的地方，有的则在乡间的小路上寻找。

挣扎在幸福和道义之间

大家找了一夜，直到天亮前才发现林肯坐在办公室里，语无伦次地说着胡话。朋友们担心他会神智错乱，玛丽的亲戚则说他已经神经错乱了,并且认为这肯定就是林肯没有出席婚礼的原因。

焦急的人们找来亨利医生,让他帮忙诊断,就在这时,林肯却说要自杀,于是医生赶紧叫斯皮德和巴特勒看紧他,不要让他做出傻事。人们紧紧地盯着林肯,并藏起了他的刀,就像安离去的那段时间所做的一样。

亨利医生说,林肯现在需要的是做事,只有让他忙起来,他才会忘记寻死这件事。因为他是当地辉格党的领导人之一,于是人们便劝他多参加辉格党的会议。不过,根据会议记录显示,在三周的时间内,林肯仅仅出席了四次会议,而且每次都是只待一两个小时就离开了。1月19日的时候,约翰·哈丁向国会汇报了林肯的病情。

在逃婚事件的三周后,林肯给自己的律师事务所合伙人写了一封信,这是他一生中写得最悲戚的一封信。他在信中说:

现在的我,是这世上最悲惨的人。如果我将我现在的心情跟整个人类分享,那么这世上将不会再有任何一张笑脸。我不知道自己将来会不会好转,我不想维持现状,可是又想不出好转的办法。或许,我想要变得心情好一些,就只有去死了。

已故的威廉·巴顿也曾经写过一部《林肯传》,他在书中说:"这时候的林肯显然已经有些精神错乱了……他好似陷入极度的恐慌之中。"

这段时间,他确实是经常想到死亡的,也表现出了对死亡的渴望,他甚至还写了一首以自杀为主题的诗,并发表在《桑加蒙日报》上。

斯皮德害怕林肯真的寻死,于是将林肯送到自己母亲那里。在那里,林肯住在一间面向小溪的静室中,在他的身边是一本《圣经》,每天早晨会有个黑奴把咖啡端到他的床前。

玛丽的姐姐爱德华夫人说:"玛丽早已摆正自己的位置,愿意给林肯自由了。她还曾给林肯写信,说如果林肯执意坚持的话,她同意解除婚约。"然而,爱德华先生回忆起这件事的时候说:"玛丽确实给了林肯撕毁婚约的自由,但同时也给了他重归于好的自由。玛丽曾说，如果林肯愿意复约，她也会同意。"

然而，林肯不想再见到玛丽了。即使逃婚事件的一年后，林肯的好友詹姆斯·马希尼还认为"林肯有自杀的可能"，足见林肯对跟玛丽结婚这件事的惧怕有多么深。

在之后的两年内，林肯都对玛丽不理不睬，他希望玛丽能够忘记自己，而对其他男人感兴趣，可是玛丽做不到。玛丽太自傲了，她忍受不了被别人抛弃这件事，一直觉得人们在嘲笑她、讽刺她，因此，她想向这些人证明，自己早晚有一天会嫁给林肯的。

可是，林肯铁了心不再想娶她了。所以逃婚事件还不满一年，他就向别的女孩子求婚了。当时林肯三十二岁，而那个女子的年纪只是他的一半。林肯对那个叫萨拉的女孩说，自己叫亚伯拉罕·林肯，显然，他们是天造地设的一对。

然而，萨拉拒绝了他。在萨拉后来给别人的信件中，她说明了当时拒绝林肯的原因：

那时，我的年纪还小，只有十六岁，还没到考虑婚姻问题的时候……其实我并不讨厌他，只不过是把他当成朋友而已。当然，你也知道，他那独特的思维方式，他的工作性质，都决定了他这样的人，不太可能跟一个年轻的女孩有共同语言。更多的时候，他就像是一个年长的大哥哥……

林肯常常给当地的辉格党刊物《斯普林菲尔德日报》写稿子，因此跟那家报纸的编辑西蒙·弗朗西斯成了好朋友。不幸的是，弗朗西斯的太太很喜欢管闲事。她四十多岁了，还没有孩子，也不愿意操持家务，却对年轻人的婚事很感兴趣，并且自封为斯普林菲尔德的媒婆。

1842年10月的时候，弗朗西斯太太托人给林肯捎信，让他第二天下午去自己家一趟。林肯觉得很奇怪，想不出对方为什么会邀请自己，但还是去了。到弗朗西斯家后，他被带进客厅，让他无比意外的是,玛丽也在那里。

当时,玛丽跟林肯说了什么、做了什么,如今已经无从得知。当然,这个可怜而心软的壮汉完全没有逃脱的机会。我们可以想到,玛丽是一定会哭的,而只要她一哭,林肯就会马上向她投降,低声下气地为自己逃婚的事而道歉。

那之后,他们常常见面,不过地点都是在弗朗西斯的家中,当然他们的约会是秘密进行的。

开始时,玛丽并没有告诉姐姐她又和林肯来往的事情。不过,最后她的姐姐发现了,她问玛丽为什么要瞒着家人跟林肯约会。

玛丽说:"以前发生的事情你也知道,秘密进行的话,万一婚约再出问题,也不会被人知道。"

也就是说,经过上次的事件之后,玛丽这次想要等到林肯决定娶自己的时候再公开。

那么,这一次,玛丽会用什么招数留住林肯的心呢?

詹姆斯·马希尼曾经说过,林肯常对他说:"我是被逼迫才结婚的,玛丽一直说,我在道义上非娶她不可。"

对于这件事,赫恩登也曾作过描述:

林肯娶玛丽完全就是出于道义,这件事说来简单,却让他的内心失去了平静。他对自己做了全面的反省:自己并不喜欢玛丽,但承诺要娶对方。这对他来说简直就是一场噩梦,不过这确实是他自己的选择。在内心的渴望和道义之间,他选择了后者。这次选择,让他永远失去了拥有一个幸福家庭的机会。

在迈向婚礼殿堂之前,林肯曾给斯皮德写过信,问他是否在婚姻中寻找到了快乐。信的结尾处,林肯特意强调:"请尽快给我答复,我很着急。"

斯皮德给林肯的答复是:"比我所期望的要多。"

于是,在收到回信的第二天下午,也就是1842年11月4日,林肯怀着忐忑不安的心情向玛丽求了婚。

玛丽自然答应了他，而且提出希望当晚就举行婚礼。林肯被玛丽的决定吓到了，他没想到事情会发展得这么快。林肯知道自己还没准备好，也知道玛丽迷信，于是以当天是星期五不吉利作为借口推脱。但玛丽不同意，她想起了之前的事情，害怕这次也跟上次一样，空等一场。更何况，那天是玛丽二十四岁的生日，她更有了当天举办婚礼的理由。最后，林肯无奈地去珠宝店买了一枚婚戒，上面刻着"永恒之爱"等字样。

当天下午，林肯找到马希尼，求他做自己的伴郎，他跟马希尼说："我恐怕不得不娶那个女孩了。"

晚上的时候，在巴特勒家，林肯穿上了礼服和黑色长靴。这时巴特勒的小儿子跑了过来，他看了林肯的装束，问他要去哪里。林肯回答他说："我要去地狱。"

上次制作的结婚礼服早已经被玛丽扔掉了，而重新制作又来不及，因此这次玛丽只是穿上了一条白色的裙子。

爱德华太太，也就是玛丽的姐姐，是在婚礼开始的两个小时前才接到通知的。她匆匆忙忙地准备了一块蛋糕，结果因为刚烤完不久，还没有冷却，端上桌子的时候，糖浆还是热的，切起来非常困难。

婚礼中，查尔斯·德雷瑟为他们证婚，当德雷瑟诵读婚礼致辞的时候，林肯似乎一点兴奋的样子也没有。后来，他的伴郎提到当天的事情时说道："他那天的脸色，并不像是参加自己的婚礼，而更像是去往屠宰场。"

对于自己的这桩婚事，林肯只作过一次评论，是婚礼后的一周他给马歇尔去的一封业务往来信中提到的。那封信现在依然被保存在芝加哥历史学会。在信的附注上，林肯写了一句话：

除了我的婚事，这边没有任何新鲜事发生。关于我的婚事，我觉得是一个奇迹。

第二部
成长的历程

不幸的婚姻

　　我在伊利诺伊州写这本书的时候，当地的执业律师也是我的好朋友亨利·庞德曾好几次建议我说："你应该去见见吉米·迈尔斯大叔，因为他的叔叔赫恩登曾是林肯的律师事务所的合伙人。而且，吉米大叔的一个阿姨曾经开过旅店，林肯夫妇在那家旅店里住了很长一段时间。"

　　于是，七月的一个星期天下午，我坐着庞德先生的车，和他一起来到了塞勒姆附近的迈尔斯农场，见到了传说中的吉米大叔。

　　吉米大叔很好客，我们到那边之后，他拿出了一把三人摇椅，放在院子里的枫树下，跟我们聊了好几个小时，给我讲了很多有关林肯的逸事。

　　吉米大叔的阿姨嫁给了一个名叫雅各布·厄尔利的医生。林肯来到斯普林菲尔德大约一年后，也就是1838年3月11日晚上，有个人骑着马来到厄尔利医生家的门前，叫医生出来，结果那人用枪对着医生就是一阵狂射，然后骑着马跑掉了。

　　虽然那时的斯普林菲尔德还只是一个小镇，镇上人口也不多，但就是查不出凶手。这件案子，到现在依然是悬案。

　　厄尔利医生的财产很少，只有一座小房子，后来，他的遗孀也就是吉米大叔的阿姨，就用这个小房子开了一个小旅店。不久后，林肯夫妇就住进了这家小旅店。

　　吉米大叔说，他常听他的阿姨提起林肯夫妇，其中有这样一件事：一天早晨，林肯夫妇正在吃早餐，可不知林肯的哪一个举动触怒了太太，林肯太太怒不可遏，把一杯热咖啡泼到林肯脸上。当时，很多房客都在场。

　　林肯被泼后一言不发，只是屈辱地闷坐在那里。吉米大叔的阿姨拿来一块湿毛巾,替他擦了脸和衣服。这件事,或许就是林肯夫妇往后二十几年婚姻生活的一个写照。

斯普林菲尔德一共有十一名律师,他们的经济条件都很拮据。所以,他们基本不待在自己的事务所当中,而是常常跟着大法官戴维·戴维斯四处流动办案。每到周末的时候,律师们往往都会想尽办法回家,跟自己的妻儿团聚。

可林肯是个意外,他好像害怕回家。春天的三个月,和秋天的那三个月,林肯一直在外地巡回办案,从来没有靠近过斯普林菲尔德。

年复一年,他都是如此。他宁愿住在乡间那种条件极差的旅馆中,也不愿意回家听妻子的唠叨。玛丽的大嗓门早就已经众人皆知,邻居们常说:"她伤透了林肯的心。"

参议员贝弗里奇曾说:"林肯太太那尖锐的大嗓门,可以穿越一条街,甚至连对街都听得见。住在附近的人,基本都听过她连续不断的怒骂。而且,她不仅是用语言发泄自己的不满,还经常通过其他方式发泄,她的狂暴举动不可数计。"

赫恩登比较了解这对夫妇,他说:"玛丽觉得林肯粉碎了自己的骄傲,觉得林肯之前的作为让自己的价值被贬低了,因此常常用报复的心理对待林肯。"事实也确实如此。

林肯太太常常不住地抱怨和指责自己的丈夫。她说他没有一件事是做得对的,还说他走路很难看,不仅驼背,姿势也不好,甚至她还故意模仿林肯走路的样子,以取笑他,还不住地给林肯讲自己在上学的时候学过的走路的姿势。

他不喜欢林肯那对硕大的招风耳,也曾说过,林肯的鼻子不够坚挺,嘴唇太突出,一副得了肺痨的样子。她还说,林肯四肢太粗壮,而脑袋又太小了,身体比例极不协调。

林肯本人对外表一直不是很在乎,这点深深地刺激了玛丽,让她很不舒服。赫恩登曾说:"林肯太太发脾气也不是无缘无故的。"有时候,林肯确实有些不修边幅。比如,他会将一只裤腿塞进靴子里,而另一只露在靴子外边，然后就这样大摇大摆地上街。而且，他的靴子也很少打蜡，衣领也常是脏脏的，大衣好像很久才洗一次。

詹姆斯·古尔利曾经是林肯的邻居，他曾写道："林肯先生来我家的时候，常常是只穿着拖鞋，身上穿着一条破旧的长裤，只用一根背带固定在身上。"

天气好的时候，林肯会外出游玩。他常常"穿一件脏兮兮的尼龙外衣，上面满是汗渍，远远看去，就好像是美洲地图一般"。

有一次，一位年轻的律师在乡村旅店遇到林肯。当时，林肯正准备睡觉，身上穿着睡衣。他的睡衣是自制的黄色法兰绒的，长至膝盖，甚至已经遮住了半截小腿。那个年轻律师说："他是我见过的最荒唐的人。"

林肯从来没有自己的剃须刀，去理发店的次数也很少，他的衣着远远达不到林肯夫人对他的要求。玛丽常常被他那头蓬松的、野草般的头发气得一句话也说不出。有时玛丽实在看不过去，会帮他梳理，可是用不了几天，又恢复原样了。因为林肯常常将存折、信函、文件等放在帽子里。

有一次，林肯在芝加哥照相，摄影师要求林肯稍微打扮一下。可他回答说："一个衣冠整洁的林肯，在斯普林菲尔德，肯定没人能够认出我。"

林肯吃饭的时候也很粗犷，他从不会正确地使用刀叉，也很少能将刀叉放到正确的位置。他有时候会将盘子倾斜，将整块猪排倒在大盘子里。他坚持只用自己的餐刀来切奶油，玛丽常气得为此跟他吵架。有一次，他把鸡骨头放在盛有莴苣的小盘子里，玛丽气得差一点昏过去了。

女士们进房间的时候，林肯从不会起身迎候，也不会跑去接过她们的大衣。当客人走的时候，他也从不会将客人送到门口。这些都是玛丽跟他发脾气的原因。

林肯还有一个习惯，就是喜欢躺着看书。每次从办公室回到家里，他都是立刻脱掉大衣、鞋子，卸下肩膀上的一条吊带，然后搬过一把椅子，倒立放置，之后将枕头放在椅子背上，四肢舒展，头和肩膀紧紧贴在枕头上。

他常常这么一看就是好几个小时，看的大多是报纸，偶尔也会看一本叫作《亚拉巴马的繁荣时代》的书。更多的时候，他都在读诗。而且，不管是看什么，他都习惯大声朗读，这是他小时候在印第安纳州上学时养成的习惯。他觉得，朗读可以让内容除了出现在眼睛里之外，还能落到耳朵里，这样更有利于记住所读的内容。

有时候，林肯会躺在地上，闭着眼睛吟诵莎士比亚、爱伦·坡等人的诗，比如：

当月亮熠熠生辉，
我就会梦见美丽的安娜贝尔·李，
当天上的星星不停闪烁，
我就会看到一双明眸，
那便是美丽的安娜贝尔·李。

曾在林肯家住了两年多的一个亲戚回忆说，有一天晚上，林肯正躺在大厅的地板上看书，这时，客人来了。林肯不等佣人去开门，便穿了一件衬衫把客人请入客厅，还开玩笑似说自己要"愚弄愚弄女人"。

结果，这话被隔壁房里的林肯太太听见了，最终，林肯没有愚弄到女人，反而被自己的妻子赶出了家门。不过，这倒遂了林肯的心愿，他在外面一直待到很晚才回家。

林肯太太嫉妒心很强，她极不喜欢林肯的好朋友斯皮德，因为她怀疑当初林肯逃婚是斯皮德出的主意。林肯结婚前，给斯皮德写信时，总会在信末加一句对斯皮德夫人的问候语："代我问候芬妮。"可他们结婚后，林肯太太规定不许再用这句话，而要求改成"代我问候斯皮德太太。"

林肯是一个懂得感恩的人，从不会忘记别人对他的帮助。他曾许诺过，自己的第一个儿子要取名叫乔舒亚·斯皮德·林肯，以答谢斯皮德这些年来对他的帮助。但是，玛丽知道这件事后大发雷霆，她认为孩子是她生的，因此名字应由她来取。她觉得孩子的名字不可以叫乔舒亚·斯皮德，而应该叫罗伯特·托德，也就是玛丽的父亲的名字。为了这件事，玛丽不止一次跟林肯闹。

　　当然，最后孩子的名字自然是叫罗伯特了。事实上，罗伯特是林肯的四个儿子中唯一一个活到成年的。其他几个都夭折了，艾迪死时年仅四岁，威利死时十二岁，泰德死时十八岁。罗伯特最后活到八十三岁。

　　生活中，林肯太太还经常会抱怨院子里没有一点花草树木，显现不出丝毫生气。于是，林肯就在院子里种了几株玫瑰，但是由于照顾不善，很快就枯死了。玛丽又催他开垦一座花园。有一年春天，他将花园建了起来结果后来，花园长满了杂草。

　　林肯不喜欢干体力活儿，但他一直在喂养家中的那头"老山羊"，也曾饲养过奶牛，挤过牛奶，而且还给家里锯木头。这些活他是一直坚持着干，直到入住白宫之后才停止。

　　然而，林肯的二表哥约翰·汉克斯却说林肯除了做梦，什么也干不好。玛丽一直认为约翰对林肯的评价非常精准。

　　不过，约翰·汉克斯的说法也并非空穴来风。林肯经常心不在焉，一个人默默冥想，仿佛完全忘记了周围的一切。每到周末的时候，他会把孩子放在小篷车里，然后拖着小篷车在屋前粗糙的人行道上走来走去。有时候，小孩子由于好动不巧滚下了车，林肯仍旧继续往前走，两眼盯着地面，对小孩子的哭声充耳不闻，直到林肯太太听到声音，从门口探出头看到了一切后，气冲冲地对他大喊大叫的时候，他才会恍然醒悟过来。

　　有时候，林肯工作了一天，从办公室回到家中时，对玛丽视若无睹，仿佛没看见一样，也不跟太太打招呼。这种情况下，林肯对食物也没有丝毫兴趣，玛丽准备好晚餐后，通常要费很大的劲儿才能把林肯弄到餐厅。不过，他虽人坐在桌前，眼睛却像梦游症患者般，紧盯着远方，直到玛丽不停提醒，才会想起吃饭。

饭后，他也是一言不发，通常都是凝视炉火，儿子们来到他的身边，拉他的头发，跟他说话，他也浑然不知。可是，有时候他会突然清醒，然后给大家说个笑话或背一首他喜欢的诗：

噢，人有什么可骄傲的呢？
像稍纵即逝的流星，像随风疾驰的青云，
像一道闪电，像一朵浪花，
整个生命，就这样被埋进了坟墓。

玛丽常常责备林肯不懂得管教孩子，而总是一味宠着他们。"他就好像看不到孩子们身上的毛病一样，他们有过失的时候，他从不批评。"玛丽说，"可是，一旦孩子有了点成绩，他又会马上凑上去，夸个不停，他总说'我的幸福就是让孩子们有足够的自由，不受父母的约束。爱是联系孩子和父母的最好纽带。'"

不过，显然林肯对孩子们的宽容有些过分了，以致孩子们经常会做出些不妥当的事情来。

有一次，林肯和最高法院的一位法官正在下棋，罗伯特跑来叫父亲吃饭。林肯随口应了一声，便继续下棋了。过了一会儿，罗伯特又跑过来喊林肯，由于下得过于入迷，林肯答应后又忘了。结果，罗伯特第三次来的时候，见林肯虽然嘴上答应着，但并没有起身的意思。于是，他退后了几步，然后突然向前冲，上去一脚就将棋盘给踢翻了，棋子落得满地都是。

林肯无奈地笑着对法官说："好吧，法官先生，看来我们只有改天再将这盘棋下完了。"

傍晚的时候，林肯家的孩子们常常躲在树篱笆的后面，将一条木棍伸出围墙外，等行人路过的时候，便突然将对方的帽子打掉，以此取乐。有一次，几个孩子没有看清对面过来的是林肯，就一棍子将他的帽子打掉了。不过林肯并没有生气，也没有指责他们，而是笑着跟他们说："要小心些，不要惹恼了行人。"

林肯不属于任何教会，也很少跟别人探讨宗教问题。不过，有一次他曾跟赫恩登谈过自己的信仰。他说自己的信仰跟一位叫作格伦的老人很像。他有一次曾听过那老人布道，说做了好事内心就快乐，做了坏事内心就会难过，林肯认为那个老人的这几句话说到了他的心里。

孩子们长大一点之后，林肯常常会在周日的早上带着他们去散步。有一次，他将孩子们留在家中，自己和夫人玛丽去了长老会第一教堂。半个小时后，泰德想爸爸了，便独自跑去教堂找他们。泰德到教堂的时候，已经将自己弄得不像样子了。他头发乱蓬蓬的，鞋带也松散了，裤子卷成了一团，更重要的是，脸上和手上都是稀泥。看到自己的孩子后，装扮高雅的玛丽当时就惊呆了，她觉得很没面子。可林肯什么也没想，很自然地上前抱起泰德，将他的脑袋放在自己的胸前。

在某些周日的早上，林肯还会带着孩子们去自己的办公室，任由他们在那里玩耍疯闹。关于孩子们的疯闹劲，赫恩登曾写道："他们玩不上一会儿，就会开始翻箱倒柜，他们会把书柜里里外外翻个遍……会把铅笔扔进垃圾桶里，还常常打翻文件上的墨水架，甚至将信件扔得满地都是，然后在上面跳舞。"

然而，对于孩子们的顽皮和吵闹，林肯从来没有管束过，"他是我见到过的最宠溺孩子的父亲。"赫恩登说。

林肯太太很少去林肯的办公室，也难怪，那种乱糟糟地方，本就是她不愿意看的。林肯的办公室里到处都是文件，有一次，他捆了一堆文件，然后在上面贴了一个标签："如果有东西找不到了，可以到这里来看一看。"

对于林肯的这种生活习惯，斯皮德给他的评价是："有规则的无序。"

穷苦而又善良的律师

在持家方面，玛丽是很值得一提的，甚至可以说，斯普林菲尔德没有哪个家庭主妇能够比得上她。不过，一旦遇到可炫耀的事或者社交方面的问题，玛丽就仿佛变了一个人一样，变得极度奢靡。在家里还没有购买马车的能力的时候，她就已经将马车买回来了。而且，买回来之后，她还花了二十五美分雇佣邻家的男孩为她赶车，坐着新马车在小镇上东游西逛整整炫耀了一个下午。其实，那时候的斯普林菲尔德说是小镇，比一个小村子也大不了多少，平时出门根本就用不着马车，完全可以步行或者雇车，但玛丽偏不那么做，她觉得那样有失身份。她好像有一种特殊的能力，不管多穷的时候，都能弄到买衣服的钱。

1844年，林肯夫妇花一千五百美元买下了两年前替他们主婚的德雷瑟牧师的房子。这幢屋子由厨房、客厅和几间卧室组成，后院还有堆放柴火的外室，以及一个可以用来养奶牛和山羊的谷仓。

开始的时候，玛丽觉得这幢房子简直是人间天堂，事实上，如果将这幢房子与他们刚刚迁离的那里相比也确实如此。可是，没过多久，这股新鲜劲过去了，玛丽开始不断地挑这幢房子的毛病。她一直认为，姐姐住的是两层的大洋房，而自己的房子只有一楼半，很没面子。她甚至对林肯说："住一层半房子的男人不会有什么出息。"

通常，当玛丽跟林肯说要买一样东西的时候，林肯很少提出异议，总是说："我相信你知道你需要什么，去买吧。"可是，在扩建房子这件事上，林肯提出了反对意见，他说："我们家人口少，现在的房子足够用了。何况我本就是一个穷人，我们结婚的时候，我只有五百美元，这两年也没攒下更多的钱，我们没有钱来扩建房子。"这一点玛丽当然也是知道的,但她仍然在这件事上一再催促及抱怨林肯。最后,林肯为了安抚她,就叫来承包商帮忙核算成本,而私下里林肯故意叫他们把价格估高一点,然后把估价单拿给玛丽看,让她知道实际的难处。林肯以为,这样问题就可以解决了。

然而,林肯很快就发现他过于乐观了,当他出门巡回办案时,玛丽竟自己找另一个承包商来估价,得知价格远远低于上次承包商核算的价格后,她就开始了扩建房子的工作。

巡回办案归来的时候,林肯竟然没能一眼认出自家的房子。这时,正好一个邻居路过,他故作严肃地开玩笑说:"这位先生,你能告诉我林肯住在什么地方吗?"

林肯当律师的收入并不高,按照他自己的说法,他常常要为了偿还之前的欠款而辛苦凑钱。这次,他的欠款当中又多了一大笔,这让他很伤心。

对于丈夫的不满,林肯太太用她一贯的方式进行了回答,那就是主动攻击,先发制人,还没等林肯发完牢骚,林肯太太已经开始数落他了,她说他不懂得理财,也不懂得持家,更没有为家庭负起相应的责任。

不过,虽然是强词夺理,但玛丽的这番话获得了很多人的认可。原来,在接案子的时候,林肯常常会因为各种原因而少收钱,律师们觉得,林肯的这种做法严重地影响了整个律师界的收入,他将行业的收费标准降低了。那些律师都认为玛丽的话有道理,觉得林肯确实是一个不懂得理财也不够负责的人。

1853年,林肯已经四十四岁,此时,离他入主白宫只有不到八年的时间。那一年,他他在麦克莱恩的巡回法院一共接了四个案子,总收入为三十美元。关于这件事,他给出的解释是,很多客户跟他一样穷,他不忍心收他们太多的钱。

有一次,一个客户给林肯送来二十五美元,但林肯又退给了对方十美元,他说对方太大方了。

还有一次，林肯接到一个案子，一个骗子想要霸占一位患有精神病的少女的一万美元资产。那个案子林肯办理得很顺利，他只用了不到十五分钟，就赢得了胜利。案件结束后，林肯的助理拉蒙前来领取属于自己那两百五十美元的报酬，不料却被林肯臭骂了一顿。拉蒙据理力争，说律师费是之前就谈好的，而且是那个少女的哥哥同意的。

不过林肯并没有认可他的说法，而是反驳道："也许她哥哥已经同意了，但是我不同意，你要清楚，这笔钱是从一个患有精神疾病的少女的口袋里掏出来的。我宁愿饿死，也不想用这种方式从她那里拿钱。你至少要还回一半的钱，属于我的那部分，我可以一分也不拿。"

还有一次，一个抚恤金代办人在帮助一位军人的遗孀办理养老认证的时候，收取了对方二百美元的费用。林肯得知这件事后，让那位老妇人控告那个代办人，并帮助老人打赢了官司。整个过程中，林肯不仅没有收老人的律师费，还帮她垫付了旅馆的账单，最后还自己掏钱帮老妇人买了回家的车票。

有一天，阿姆斯特朗的遗孀找到了林肯，跟他讲述了自己的困境。原来，她的儿子杜夫被人指控醉酒后打死了人，她想要林肯帮忙救儿子。林肯跟阿姆斯特朗一家渊源很深，他在塞勒姆的时候就认识他们，在杜夫还是婴儿的时候，林肯还曾帮忙哄过杜夫。阿姆斯特朗一家一直以粗野无礼著称，但林肯就是喜欢他们这样的性格。而且，杜夫的父亲杰克·阿姆斯特朗原本是塞勒姆那群小混混的头头。在林肯刚到塞勒姆的时候，他们俩还在大树下进行过摔跤比赛，这一点，本书开头的时候也曾经提过。

有了这层关系，林肯自然愿意帮助他们。于是，他欣然来到陪审团面前，当着众人的面，发表了一次十分感人的演说，将这个年轻人从绞刑架的边缘救了回来。

阿姆斯特朗太太对林肯很是感激，非要将自己仅有的四十英亩土地过户给林肯,但林肯没有接受。他说:"多年前,我一贫如洗无家可归的时候,你们曾经收留过我,给我饭吃,帮我缝补衣服。现在,我有能力帮你们了,怎么能要你们的东西呢?"

然而,林肯虽然是一个律师,但绝对不是一个爱好诉讼的人。有时,他会劝双方当事人庭外和解,虽然过程中他付出了很多辛劳,但这种情况他基本都是分文不取的。有一次,他甚至拒绝了指控一个人,他的理由是:"那个人又穷又年老,而且身体还有残疾,我实在不忍心指控他。"

善良、体贴虽然是良好的品质,但无法换得金钱。所以,玛丽常常因为这些事对林肯大发牢骚,说他没出息,永远出不了头,还经常用那些成了名、赚了钱的律师们的事迹刺激林肯。她常说:"你看人家戴维斯法官、罗根法官还有斯蒂芬·道格拉斯,都已经赚了很多钱,有的甚至还做起了慈善事业。可你呢,还是一文不名。"

玛丽有时候也会想起道格拉斯,她想如果当初要是嫁给道格拉斯就好了。那样的话,自己现在就是道格拉斯太太,是华盛顿的社交领袖,可以穿高级的巴黎时装,可以经常去欧洲旅行,将来或许还可以入住白宫。不过,这些幻想虽然美好,但她也知道都是不可能的了。

现实中,她是林肯的太太,而她的丈夫林肯或许只有这辈子也就这么大的出息了。每年骑着马出去巡回办案六个月,将她孤零零地留在家中,没有人照顾,也没有人关爱……现实与梦想的差距,让她时常感觉心酸……

悍妇玛丽

前面说过,林肯太太在持家方面很有手段,确实,只要不是跟虚荣有关,她都做得很好。日常生活中,她都会精打细算,比如就餐,她每次的分配都很适中,很少会有剩下饭菜的可能。

她曾经买来很多香水，开封后，逐瓶使用，然后借口说质量不好，再将之退回去。由于她总是这么干，也就在店家面前失去了信誉，所以后来再去的时候，老板就不再卖东西给她了。如今，我们还可以看到当初那店主的账本上面有很多地方标注"林肯太太退回来的香水"。

对玛丽来说，跟商家吵架是常有的事。比如，她觉得迈尔斯出售冰块的时候总会缺斤短两，便找上门去尖声叫骂，引得邻居们全都前来观看。

这已经不是玛丽第一次找迈尔斯的麻烦了，迈尔斯气得发毒誓说直到这个女人下地狱自己都不会再卖给她冰块。迈尔斯说到做到，之后果然不再上门送货了。然而，对林肯家来说，冰块是必需品，如果没有它，就不能冷藏食物了。于是，玛丽不得已只好给了邻居二十五美分，央求她去代自己跟迈尔斯讲和。这位邻居跟迈尔斯说了很多好话，最后迈尔斯才勉强答应以后继续给林肯家送冰块。

林肯的一个朋友办了一家报纸，名叫《斯普林菲尔德共和党人报》，并时常在街上推销自己的报纸，林肯见到便订了一份。当第一份报纸送到林肯家的时候，玛丽气得要命，便对林肯大声斥骂，说自己一直省吃俭用，可他竟然订阅这类废纸般的东西。为了安抚玛丽，林肯只好说自己并没有让人送报纸来。确实，林肯只说了自己要付订阅费，但并没有说叫人送报纸来。这是多么巧妙的律师狡辩技巧啊！

当天晚上，玛丽看林肯睡着了，便写了一封措辞极为无礼的信给那家报社的主编，说出了自己对他们报纸的看法，并要求退订。

令玛丽感到十分难堪的是，主编竟然在报纸的专栏里公开答复了玛丽，然后又给林肯写了一封信，要求林肯给出解释。林肯十分尴尬，只好跟主编好言解释，说这不过是一个误会，并一再道歉。

有一次，林肯想将自己的继母接到家中来过圣诞节，却遭到玛丽的强烈反对。因为玛丽瞧不起老人，更是瞧不起托马斯·汉克斯和整个汉克斯家族，她一直以有这样的亲戚为耻，最后这次邀请在玛丽的反对下流产了。林肯的继母就住在离斯普林菲尔德不到七十英里的地方，可是二十几年来，都是林肯去拜访继母，他的继母从未上过林肯的家门。

　　林肯结婚之后只有一位亲戚去过他家，即哈丽雅特·汉克斯，林肯的远房外甥女，一个知书达理的小女孩。林肯非常喜欢这个外甥女，当得知她来斯普林菲尔德上学的时候，马上邀请她来自己的家里住。然而，她到来后，玛丽竟然像使唤下人一样指使她，还让她包揽了家中的一切杂务。面对妻子的无礼，林肯很是生气，提出了自己的不满，结果又闹出一场风波来。

　　平时，玛丽经常跟家中雇来的女佣产生矛盾。她每次发火，都会导致女佣收拾行李辞职。因此，林肯家的女佣不停地更换，就像旅店里的旅客一样，住不了三五天。这些人瞧不起玛丽，还常常将玛丽的丑恶行为四处宣扬，很快，林肯家就上了女佣们的黑名单，谁也不愿意去他家干活。

　　玛丽又急又气，总是找女仆的碴，还称她们为"野蛮的爱尔兰人"。所有在她家工作过的爱尔兰人，都被她在前面加上了"野蛮"两个字。她还经常给自己的亲人写信，痛斥这些野蛮人的罪行。玛丽甚至公开表态，如果自己比林肯活的时间更久些，那么她一定要回自己的老家度过余生。因为在她的老家克星顿，人们不会容忍任何佣人的冒失行为，那里的黑奴一不小心就会被押到广场上接受鞭打。他们家的一个邻居，就曾经打死过六个黑奴。

　　那时候，朗·杰克是斯普林菲尔德的名人，他有一对骡子和一辆破旧的马车，自诩在经营快递业务。他的侄女曾经在林肯家做佣人，不过没几天，主仆二人就发生了矛盾。女孩扔下围裙，拎起包袱，摔门走了。

　　当天下午，杰克赶着自己的骡车，来到了林肯家门前，要取走自己侄女的行李。玛丽看到杰克后勃然大怒，对杰克一顿大骂，并威胁他说，如果敢踏进自己家门一步，就会将他乱棍打出去。杰克非常生气，不过他拿这个女人没办法，于是来到了林肯的办公室，要求这个可怜的男人回家教训自己的太太，并让玛丽向他道歉。

林肯听完杰克的控诉之后，哀求道："我听了你说的事情之后，很难过。不过，坦白跟你讲，结婚十五年来，类似的事情我几乎天天都要忍受，难道您就不能稍微忍耐一下吗？"

林肯的这番话说得实在太过用情了，以至于杰克不但没有再逼迫他，反而同情起他来，临走的时候，还就自己的冒昧打扰向林肯表示歉意。

只有一个女仆在林肯家干了两年多没走，邻居们对这件事感到很惊讶，都不明白这是怎么回事。其实事情很简单，在这女仆刚来的时候林肯曾偷偷找过她，并跟她讲了她在这里将会遇到的一切情况。然后林肯向她承诺，如果她能够做到对玛丽的行为视若不见，那么自己每周都会在她的固定工资之外支付给她一定的酬劳。

玛丽还是原来的脾气，可是女仆因为有了额外的收入，就一直忍着她的坏脾气。女仆每次被林肯太太训斥得痛哭流涕的时候，林肯总是会悄悄地溜进厨房，拍着她的肩膀说："没关系，玛利亚，鼓起勇气来，继续留在这里……"

后来，玛利亚嫁人了，她的丈夫在李将军的手下当兵。当李将军投降的时候，玛利亚带着孩子急急忙忙赶到华盛顿来搭救自己的丈夫，她希望丈夫能够回家。林肯见到玛利亚后，非常高兴，他坐下来陪她聊天，还聊到了以前的生活场景。林肯想留她共进晚餐，可是被玛利亚拒绝了，因为她只想尽快见到自己的丈夫。后来，林肯送给她一些水果和买衣服的钱，并嘱咐她第二天来自己这里取通行证。可是，第二天玛利亚并没有来，因为林肯在那天晚上就被人暗杀了。

这么多年来，林肯一直生活在狂风暴雨中，他的记忆里满是辛酸和悔恨。甚至，很多次他都处在发疯的边缘了。

有人说，玛丽的娘家托德家族的人神经都有点不正常。玛丽的父母本是堂兄妹，属于近亲结合。很多人，包括玛丽的医生，都怀疑玛丽患有轻微的精神病。

林肯以极不寻常的耐心忍受了这一切，他极少与太太争吵，但林肯的朋友可没这么客气。

赫恩登骂玛丽是"野猪"和"母狼"。林肯的狂热追随者之一特纳·金则将玛丽形容为一个"恶棍"和"女魔"，他还说，自己曾亲眼看到玛丽一次次将林肯赶出家门。

斯普林菲尔德卫理公会教堂的牧师住在林肯家附近，他和林肯也是好朋友。据他的妻子说："人们常常看到玛丽拿着扫帚将林肯赶出家门。"

跟林肯家做了十六年邻居的詹姆斯·古尔利认为玛丽的身上附有恶鬼。他说，玛丽有时候会不停地惨叫，非要让所有的邻居都听到她的哭声不可，嘴里还莫名其妙地说有恶人要来袭击她，一定要找人在房子的周围进行护卫。

随着年龄的增长，玛丽发怒的频率越来越高。为了避免不愉快的场面出现，林肯从来不邀请朋友到自己家做客，哪怕是斯皮德和戴维斯法官那种最亲密的朋友也一样。平时，林肯也尽量避免接触玛丽，晚上他常跟其他律师在法律图书馆闲聊，或者在斯皮德的店铺里给大家讲故事。

深夜，他常常独自在街上闲逛，脑袋低垂在胸前，神情沮丧，犹如一只丧家之犬。有时候，他会喃喃自语："我讨厌回家。"了解林肯痛苦的朋友，常常会带他回自己家里过夜。

赫恩登是林肯的好朋友，差不多也是最了解林肯痛苦的人了。他曾经在自己所作的《林肯传》中写道：

林肯从来没有过知己，因此也从没有向别人吐露过自己的心迹。据我所知，他从没向任何一个朋友，包括我在内，诉说过自己的痛苦。他一直将所有苦难都放在心里，默默地独自承受着。不过，虽然他不说，但我还是能够感受到他的悲伤。林肯不习惯早起，他通常都是九点钟才到办公室。我一般八点就已经到办公室了。不过，有时候林肯也会早去。我记得很清楚，有一次天刚刚亮他就去办公室了。如果我见到他去得比我早，我马上就能想象得出，前一天晚上，他家一定又是暴风骤雨般的景象。这时候，他要么躺在沙发上眼望天空，要么就将身子团成一团，蜷缩在椅子里。我进去的时候，他往往连眼睛都不抬一下，只是含混地道一声"早安"。见到这类场景，我心里也会感到不安，便马上拿起纸笔，开始忙活，或者找一本书来看。可是即使如此，他那副忧郁、苦闷的样子依然让我感到不安。此时，我通常会找借口去法院，以离开这沉闷的环境。

办公室的门前是一条狭长的过道，因此我们在门上部的玻璃上安了一个简易的门帘。每当这时，我都会放下那道帘子。通常，我离开办公室还没有走到过道尽头，就会听到门上锁的声音。在法院的职员办公室待上一个小时，在附近的商店里游逛差不多一个小时，我就该回去了。这会儿，也许会有顾客上门跟林肯咨询法律问题，或者他脸上的乌云已经散去，在那里一群人闲聊。快到中午的时候，我会回家吃饭。回来后，发现他还在办公室里，他家就在附近，但他经常趁着我不注意时去楼下的商店买块面包充饥。晚上五六点钟的时候，我们就下班了，不过他下班后很少直接回家，不是坐在楼梯口的箱子上就是坐在法院的楼梯上陪着一群人聊天。夜全黑的时候，办公室的灯经常还亮着，那准是林肯在那里没有回去。深夜万籁俱静的时候，这个注定成为美国总统的伟大男人，其高大的身影常常还在树影下徘徊。转几圈之后，他就会悄然离开，溜进那所简朴的房子，他的家。理论上讲，那里应该是世界上最温馨的地方。

有些人可能会觉得，上面这番描述有些言过其实，但我想告诉大家，事实就是如此。

林肯信奉的是"对任何人心怀善意，对全人类悲悯慈爱。"可即使这样的人，也有怒不可遏的时候。在玛丽对着他一顿乱嚷之后，他的怒火突然爆发了，忍无可忍时他便抓着玛丽的胳膊，将她从厨房拖到门口，呵斥道："你毁了我的一生，你将这个家变成了地狱。你这该死的，立即给我滚出去。"

深入骨髓的忧郁

假如林肯娶的是安，那么他可能会一生幸福，但也可能一辈子与总统无缘。因为他在思想和行动上都比较迟缓，而安又不是那种会逼迫他的人。玛丽与安完全不一样，玛丽的野心很大，她一直想成为白宫的主人，刚跟林肯结婚的时候，她就催促林肯去竞争辉格党的国会议员提名。

竞选异常惨烈和残酷。尤其像林肯这种没有任何宗教信仰的人，开始的时候，他的政敌指责他是异教徒；因为他跟托德和爱德华家族的关系，很多人又指责他是权贵和富有阶层的工具。尽管这些都是欲加之罪，但林肯还是从中体会到切实的政治伤害。于是，他反驳道："自从我来到斯普林菲尔德，只有一个亲戚来过我家，而就在我来这里之前，他被人指控说偷了一名高利贷商人的竖琴。如果这也算是傲慢的权贵阶层之一的话，那么我当之无愧。"

不过，选举时，林肯还是输了。这是他的首次政治挫折。

两年后，林肯再度参选，这次他成功了。听到这个消息之后，玛丽欣喜若狂，她坚信林肯的辉煌即将开始。于是，玛丽立即去定做了一套衣服，并重新温习了一下法语。林肯一到首府，她便在信中用"尊敬的亚伯拉罕·林肯"称呼丈夫，并表示想在华盛顿居住，她想在华盛顿居住，渴望跻身社交名流之列。

可是，当她来到东部跟林肯会合后才发现，现实往往比幻想要惨烈些。林肯实在太穷了，因此在领取政府开给他的第一张薪水单之前，他不得不靠向道格拉斯借钱以度日。玛丽来到之后，夫妻俩只能暂住在杜夫格林街史布里格太太的出租屋里。出租屋门前的街道没有铺石板，完全是由灰土和砂石构成的，房间满是裂隙，而且没有水管设备。房子的后院有一栋小屋、一个鹅棚和一个菜园。由于邻居们养的猪经常闯进来吃青菜，史布里格太太的小儿子不得不经常拿着木棍跑出去赶牲畜。

很快，林肯太太就发现自己通往华盛顿权贵之门的行程并不顺利，因为这里的社交圈相当排外，虽然她一心想要结交那些人，但人家根本不理她。无奈，玛丽只得领着孩子们待在自己的小出租屋里。

然而，不管玛丽怎么失望、灰心，她受到的伤害也是无法跟政治斗争可能给林肯带来的伤害相比的。林肯刚进国会的时候，美国与墨西哥已经打了将近二十个月的仗了。那是一场可耻的侵略战，挑起争端的是国会中那些主张蓄奴的人，他们的目的是想让奴隶制推广到更多的地方，选举这一制度的支持者为议员。

美国在这场战争中得到了两项利益，一是原属于墨西哥的得克萨斯州割让给了美国，二是夺取了墨西哥将近一半的领土。

关于这场战争，格兰特曾做过评价，他说这是世界历史上最邪恶的战争之一，他不能原谅自己也参与其中。许多美国军人都临阵倒戈，投向敌方，甚至圣塔安那军中有一个营的军队完全是由美国逃兵组成的。

林肯和许多辉格党人一样，在国会中发言时很有激情，也很大胆，他谴责总统发起了一场"邪恶的掠夺和谋杀战"。他还说，上帝已"忘了捍卫无辜弱者的责任，而肆意纵容来自地狱里的恶魔们屠杀和残害平民百姓。在这里，正义正在遭到践踏，而邪恶则在逞凶害人"。

当时的林肯只不过是个小人物，虽然他的发言很激昂，但并没有引起首府的重视。可在斯普林菲尔德，林肯的这场演说引起了一场风暴。当时，整个伊利诺伊州有将近六千人参与了这场战争，在这些将士眼中，自己是正义的，是在为自由而战。可现在，他们自己选出来的议员竟然将他们比作"来自地狱里的恶魔",说他们是"屠夫",这是他们不能接受也无法忍受的。于是,小镇上的辉格党人对林肯进行了游行抗议,指责林肯是"卖国贼""懦夫""不顾廉耻的人"……

在一次聚会的时候,辉格党人一致认为,他们从来没有受到过如此的侮辱,"这让活着的勇士和杰出的烈士们遭受了不白之冤,让每一个真正的伊利诺伊人感到愤恨"。

这股恨意异常强大,竟然持续了十多年,直到十三年后林肯竞选总统的时候,还有人用类似的话语攻击他。

林肯曾向他的合伙律师提起过这件事,他说:"我现在等于是政治自杀。"那段时间,他不敢回自己的家乡,害怕见到愤怒的选民,因此他一直积极地在华盛顿找工作,并伺机争取获得国土办公室委员的身份,最终,他未能如愿。

之后,林肯试图竞选俄勒冈州的国土局长,可是他的愿望又一次落空了。

最后,无奈的林肯只好回到了斯普林菲尔德,回到了他那个脏兮兮的办公室。他又重新开始四处巡回办案的生活。他决定,放弃政治,专心从事法律工作。

为了训练自己的逻辑推理能力,林肯买了一本几何学课本,每次巡回办案的时候就带在身边,随时看上一段。

赫恩登在《林肯传》中曾记述过此时的林肯,他说:

我们住在乡下的小旅店时,通常都是两个人同睡一张床。乡村的小旅店里,床一般都很短,林肯个子大,因此腿常常露在外面。即使不舒服,他依然坚持阅读。每次,他都在床头的椅子上放一根小蜡烛,然后看上几个小时的书。通常是我和同事们早就已经睡熟,可他还在那里用一种极难受的姿势阅读,有时候会一直读到凌晨两三点钟。在巡回办案的时候,他一口气读了六本欧式几何书,而且六本书中的定理他都能够轻松地加以证明。

通读了几何读本之后,林肯又开始学习代数和天文学,后来甚至写了一篇谈语言发展的演说稿。不过,虽然各方面都有涉猎,但他最喜欢的,依然是莎士比亚的戏剧,不得不说凯尔索对他的影响实在太大了。

从那时候开始,直到他生命的终结,忧郁差不多始终是他最突出的情绪体现。

杰西·维克曾经帮赫恩登整理过《林肯传》,他看到这段的时候,觉得书中对林肯的忧郁描述得太过夸张了。于是,他便去找了几个曾经跟林肯接触过的人了解,惠特尼、马希尼和戴维斯法官等。

跟这些人充分交谈之后,维克打消了心中的疑惑,并说了一句跟之前见解完全相反的话:"没见过林肯的人,是很难想象得到他的忧郁的。"

巡回办案时,林肯常常跟另外两三个同事睡一个房间,那些律师经常会在大清早被林肯的自言自语声吵醒。他们回忆说,林肯起床后就会点燃壁炉,然后呆坐在炉子前,看里面的火光,一坐就是几个小时,有时候嘴里还会突然冒出一句:"人类啊,你为什么骄傲?"

走在大街上的时候也一样,他好像永远都在想着自己的心事,有时连迎面而来的人跟他说话,他都没发觉,跟别人握手,却怎么也想不起对方叫什么名字。

乔纳森·伯奇是林肯的忠实粉丝,他对林肯的记忆力非常痴羡,他曾说:

在布鲁明顿出庭的时候,林肯的表现太完美了,他一会儿把在场的人逗得捧腹大笑,一会儿又陷入沉思,谁也不敢打扰他……他坐在靠墙的椅子上,脚板牢牢踏着椅子底部的横板,两腿缩起,双手抱膝,眼神中流露出无限的悲伤,完全是一副没精打采的忧郁相。我曾看到他这样出神地呆坐了好几个小时,连他最亲密的朋友也不敢轻易去打扰他。

参议员贝弗里奇是一个"林肯研究者",他曾经得出过这样的结论:1849年以后,林肯的性格中出现了一种不可预测的深度忧伤,那忧伤是常人所不能理解的。

不过,虽然林肯性格中有着抹不去的忧伤,但他也并不是时刻都活在哀婉中。他那与生俱来的幽默感和强大的叙事能力,也给人留下了很深的印象。甚至有时候戴维斯法官会宣布休庭,只为了专心听林肯那滔滔不绝的幽默演说。

"曾有两三百人听他说笑。"赫恩登说,"那次我也在,我一直疯笑了好几个小时,根本停不下来。"

林肯身边的人都认为,他的忧郁是由政治上的失意和婚姻上的不幸引起的。令人心碎的岁月在缓缓流逝,整整六年,人们都没有想起过这个曾经从政的林肯。不过有件事的发生改变了这一切,促使他向着白宫迈去。

这件事的导火索是林肯太太玛丽曾经的情人,斯蒂芬·道格拉斯。

政治交锋

1819年,密苏里州打算加入联邦,成为一个可以奉行奴隶制的州,但是遭到了北方人士的反对。最终经过双方商议后,达成了一个居中协议。即密苏里州可以加入联邦,但其北部边界以北的西部地区从此再不容许奴隶制的存在。

三十多年以后,道格拉斯想要撤销这一协议,为此,他在国会争取了好几个月。其间,他不停地跟人激辩。有一次辩论的时候,有议员跳上桌子,挥刀砍向对方,更离谱儿的是,竟然还有人掏出了手枪……

最后,在道格拉斯等人的努力下,议会终于在1854年3月4日通过了他们的请求,决定废除原来的协议。这一事件直接导致了密苏里以西一块相当于十三个州面积总和的土地再度出现了农奴制度。

道格拉斯这么做的目的，没有人知道，甚至直到今天，史学家们依然在争论他当初的动机。不过，虽然他的整个想法我们无从得知，但有一点是可以确定的：道格拉斯想要在1856年坐上美国总统的宝座，而废除这个协议，就可以让他在南方地区争取到不少的选票。

但是，北方又如何呢？

道格拉斯曾经表示："我可以预想得到，这件事在北方一定会掀起一场强烈的暴风雨。"

道格拉斯的预言很快被验证了。暴风雨真的来了，而且来得异常猛烈，不仅将两大政党弄得四分五裂，而且还直接导致了内战的爆发。

抗议和游行像平原野火般，一经点燃就急速蔓延开来。短短的时间内，就有数百个城镇和乡村举行了抗议的仪式，激愤的人们谴责道格拉斯是"叛徒"，是"现代犹大"，是一个仅仅为了几十块钱就可以出卖自己主人的人，甚至还有人送给他一根绳子，让他用来上吊。

教会方面的反应也很强烈。在新英格兰，三千多名神职人员以"上帝的名义"集合在一起，去参议院表示抗议。各地风起的对抗游行，迅速点燃了整个民族的怒火，在芝加哥甚至连民主党派的报纸也开始谴责道格拉斯了。

国会8月份休会，于是道格拉斯决定回老家待一段时间。面对眼前的形势，他知道，不管自己走到哪里，都会成为人们谴责的对象。不过，他对此好像并不在意，不但不低调前行，反而表示要在芝加哥发表公开演说。

在道格拉斯的家乡，人们对他的憎恨无所不在，甚至已经到痛恨的地步了。报纸在不停地攻击他，愤怒的牧师们也表示无法容忍"他身上的狡诈气息污染伊利诺伊州的空气"。人们纷纷走进五金店，购买手枪，为的就是亲手杀死这个恶魔。道格拉斯的政敌则公开发誓：绝不让他有机会活着为自己的罪恶辩护。

道格拉斯抵达芝加哥的时候，港口的船只全都下半旗志哀，二十座教堂也同时敲钟以哀悼"自由"的死亡。

那天，芝加哥的天气异常炎热，傍晚的时候，男人们闲坐在椅子上，依旧汗流浃背，女人们则拼命地挤向湖边，想在相对凉快的沙地上睡觉，有些甚至在半道上晕倒了。

尽管天气恶劣，成千上万激动的男人们依然拿着手枪，赶去听道格拉斯演讲。芝加哥没有一座大厅能容得下如此汹涌的人群，只好临时搭起一个广场，可即使这样，还有几百人只能站在附近民宅的阳台或坐在屋顶上。

演讲开始了，道格拉斯刚开口，广场上就爆发了一阵怒吼和嘘声。他想继续讲，但没人理他，人们只是不停地吆喝、嘲笑，甚至唱些侮辱性的歌曲，或骂些不堪入耳的脏话。

道格拉斯的同僚们被眼前的景象激怒了，激动得想找人打架，但被道格拉斯制止了。他表示自己有办法稳定局面。不过，事情并没有他预料的那么简单，尽管他不断地尝试稳定听众的情绪，但结果适得其反，他说得越多，台下的人们就越是激愤。道格拉斯贬斥《芝加哥论坛报》，民众就为这家报纸欢呼；道格拉斯说如果大家不让他讲话，他就整夜站在这里，民众就齐声唱："我们今晚不回家，我们今晚不回家。"

那天是星期六，整个晚上道格拉斯忙活了近四个小时，受尽了侮辱，最后他拿出手表，对着喧闹而又拥挤的民众大喊："现在已是星期天凌晨，我要去教堂做礼拜了，你们去下地狱吧。"然后筋疲力尽地走下了演讲台。这是这位政坛"小巨人"生平第一次遭遇屈辱和失败。

第二天早上，报纸详细地报道了这一切。在斯普林菲尔德，一位中年妇女看了报道之后，得意地笑了。十五年前，她曾梦想当道格拉斯的夫人，这些年来，又亲眼看他一步步高升，成为全国最受欢迎、最有权势的政治领袖，而同时，自己的丈夫则不断地经历屈辱和失败，不平的情绪早就占据了她的心灵。

如今，高高在上的道格拉斯完蛋了，大选就在眼前，可道格拉斯在家乡落得身败名裂，这正是林肯的好时机，也是玛丽的好时机。玛丽相信，林肯一定能夺回1848年失去的民心，东山再起，成功当选国会议员。确实，道格拉斯的任期还有四年，可他的同事希尔兹再过几个月就要开始忙碌了。

希尔兹是一个骄傲好斗的爱尔兰人，他与玛丽曾有过过节。那是1842年，因为玛丽所写的一封十分无礼的信，希尔兹向林肯发起挑战，邀林肯决斗。于是，两个人各自带着佩剑，由助手陪同在密西西比河的一个沙洲上会合了，他们的目的都很明确，杀死对方。由于最后关头有朋友出面调停，双方才各自罢休。此后，希尔兹在政坛步步高升，林肯却每况愈下。

现在，林肯已经跌到谷底了，就要开始反弹了。他说"密苏里协议"唤醒了他。他再也不想保持沉默了。他已下定决心，将整个灵魂都投入战斗中。

林肯开始准备了。他在州立图书馆一待就是几星期，翻史书，查资料，对这段时期议会里激辩的所有议题进行研究。

10月3日，伊利诺伊州的博览会在斯普林菲尔德开幕，成千上万农夫来到镇上。男人带来了最好的猪仔和马匹、谷物；女人带来了亲手制作的果酱及蜜饯。可是，真正吸引人们眼球的是另外一件事。几星期前，人们就听到了消息，道格拉斯会在集市开始的时候在小镇上进行演说，全州所有的政治头目都会赶过来聆听。

那天下午，道格拉斯足足讲了三个多钟头，他重读了自己的报告，提出了一大堆为自己辩解的理由，同时也攻击了很多政敌的观点。他否认自己要"使某地区的奴隶制度合法化"，而坚持这些事情应该"由当地人自己决定……"

当时，林肯就坐在前排，他仔细听着，一字一句地记在心里，并思索着道格拉斯的每一个论点。演说刚刚结束，林肯就站了起来，并当众宣布："我明天要发表演说，指出他的矛盾之处。"

第二天清晨，传单散落到小镇的每一个角落。人人都得到这样一个消息，林肯将要反驳道格拉斯的言论了。民众们的兴趣被吸引了，不到两点钟，演说大厅里就挤满了人。没一会儿，道格拉斯也来了，他坐在讲台上，依然如往常一样，穿着体面，修饰整齐。

此时，玛丽也在现场。早上出发前，她特意为丈夫打扮了一番，帮他整理头发，收拾衣着。可是，由于当天天气太热了，林肯觉得演说大厅肯定会非常闷热，在进入会场前，他脱掉了大衣和马甲，也没有系领带，只是穿着一件松垮的衬衫，就走上了讲台。同时，头发也早已经蓬乱，再没有了早上玛丽给他打扮时的模样。

玛丽一见林肯的样子，顿时火冒三丈，气得满脸通红，对自己的丈夫既失望又灰心，差一点哭出来了。当时，谁也想不到后来会发生什么。但是，现在我们知道了，在那个炎热的10月的下午，那个让自己的妻子感到羞愧得无地自容的男人，迈步走向了他不朽的事业。

那天下午的演说，是林肯一生中的第一个辉煌瞬间。如果将林肯所作的所有演说编成一本书，将他之前所作的演说放在第一卷，然后将那天下午的演说放在这本书的第二卷，如果没有人告诉你这是同一个作者所作的话，你肯定想不到它们出自同一个人之手。那天的林肯，是一个全新的谁也没有见过的林肯，一个被强权深深激怒的林肯，为受迫害者大声疾呼的林肯，一个被道德和尊严感动了的林肯。

林肯回顾了整个奴隶制度，并提出了五大反对理由，他的理由很充分，句句切中要害。不过，虽然林肯对奴隶制度痛恨至极，但他还是用较为宽容的语气进行着整个演讲。他说：

我对南方人没有一点偏见，我一直认为我们跟他们是一样的。如果奴隶制度从没在他们那里出现过，那么我相信，他们现在也不会支持推行它。如果我们这里之前奉行的也是奴隶制度，那么我认为，我们也很有可能会支持它的存在。

我们不应该将奴隶制度的责任全部推到南方人身上，我不会责备他们对此无动于衷，因为我自己也不知道该如何去做。因为我了解废除奴隶制度的艰难，我一直觉得，即使将全世界的权力都赋予给我，我也未必能拿出好的办法来……

整整三个小时，林肯讲得大汗淋漓，他不停地反驳道格拉斯的观点，揭露道格拉斯的观点中哪些是诡辩，哪些是错误的立论。

这是一次极具震撼力的演说，给大家留下了深刻的印象。同时，人们也可以明显感觉到，在一旁坐着的道格拉斯很不安，他好几次站起来打断林肯，企图解释自己的观点，却没有太大的作用，一直没有吸引观众的注意。

选举就快到了，前卫的年青一代民主党员开始奔走相告，攻击道格拉斯，拒绝给他投票。最后，伊利诺伊州的选票结果统计出来了，道格拉斯系的民主党员全军覆没。

那时，参议员是由州议会选举出来的。1855年2月8日，伊利诺伊州议会在斯普林菲尔德开会投票。当天，林肯太太特地买了一套新衣服和帽子，她的姐夫爱德华先生也满面红光地以参议员林肯的名义举行了一场宴会。

第一次投票之后，林肯遥遥领先于其他候选人，并且在之后的六轮投票中都遥遥领先，但后来就不行了，在第十次投票的时候他完全败北，最终莱曼·特朗布尔当选。

特朗布尔的太太茱莉亚·杰恩是玛丽跟林肯结婚时候的伴娘，差不多也是玛丽此生最亲密的朋友。结果揭晓的那天下午，玛丽和茱莉亚并肩坐在议会大厅里，等待着选举的最后结果。当大会宣布茱莉亚的丈夫当选后，玛丽立刻起身，气愤地离开了。她的嫉妒心实在太强了，从那以后，她再也没跟茱莉亚说过一句话。

结果公布后，林肯伤心失望地回到那黑压压、墙上有墨水印、书架上长出嫩芽芽的律师事务所。一周后，他又赶着自己那辆破旧的马车开始巡回办案了，然而，此时的林肯虽然在为工作奔波，可心思并没有放在这上面。在他的心里，一直放不下政治和奴隶制度。他说，一想到还有千万人在受着别人统治，自己的心里就不好受。他的忧郁症又发作了，而且这次持续的时间更长，产生的后果也更严重。

一天晚上，林肯跟另一个律师在乡村旅店中同床歇息。但是，直到黎明时分，林肯依然穿着睡衣在床边沉思。他低垂着头，喃喃自语，神情很是沮丧，好像整个人都掉进自己的思绪当中一般。后来，他开口说的第一句话是："我跟你说，这个国家绝不能永远都处在半奴役半自由的状况之下。"

那之后不久，斯普林菲尔德的一名黑人妇女来找林肯，并给他讲述了一个凄惨的故事。

黑人妇女说，她的儿子在一艘密西西比轮船上任职。船开到新奥尔良的时候，她的儿子竟被当作逃走的奴隶，被扭送到了监狱。他本来是自由之身，可是没有任何文件可以证明这一点，所以他一直被关在狱中。现在，他工作的那艘轮船开走了，而他也将要被拍卖为奴隶了，拍卖所得将用来抵付监狱的开销。

林肯向伊利诺伊州的州长汇报了这个案子，可州长却回答自己无权也没有能力干涉这件事。林肯不死心，又写信给路易斯安那州州长，结果，对方的答复也是无能为力。于是，林肯第二次求见伊利诺伊州州长，极力说服他采取行动，但州长一直摇头。

见到对方的样子，林肯突然从座位上站了起来，严肃地说："州长，或许你无权下令开释这个可怜的少年。不过我在这里以上帝的名义保证，我一定要让奴隶制度在我们的国家无处容身。"

第二年，林肯四十六岁了，他跟自己的朋友惠特尼说，自己或许需要一副眼镜了。于是，他来到商店，用三十七美分左右的价格，购买了他平生的第一副眼镜。

林肯与道格拉斯

1858年夏天,林肯参战了,他走出偏僻的小镇,参与到了美国历史上最著名的一场政治战争当中。

当时,林肯已经四十九岁,奋斗了这么多年,他都有些什么成就呢?

在事业上,他是一个失败者。

在婚姻中,他饱受摧残和折磨。

在律师事务方面,他还算成功,每年差不多有三千美元进账,可是在政治上,他却屡战屡败。

他自己也承认:"对于人生来说,野心方面的竞赛我已经失败了,是彻底的失败。"

可是,从这以后,事情的进展快得出奇,甚至令人无暇细想。尽管七年之后他就离开了人世,但在这七年中他赢得了不朽的名声和荣耀。

这次,林肯的对手还是道格拉斯。此时的道格拉斯已经完全走出之前的困境,又成了全国的偶像,他的声望已经达到顶点。事实上这时候道格拉斯在世界上都已经很有名了。

"密苏里协议"撤销后的四年间,道格拉斯打了一场漂亮的政治战,成功赢回了自己的声望。整个事情经过是这样的:

堪萨斯州要求加入联邦,成为奴隶制度的所有者之一,但是遭到了拒绝。道格拉斯给出了反对的理由,他说草拟该州宪法的议会是不合法的,因此他们的决议没有任何效力。

道格拉斯之所以这么说,是因为堪萨斯州的议员们多是靠诡计和枪炮当选议员的。事实上,在当时的堪萨斯州,半数的男人们虽然有权利投票,但从没见过选票为何物。因此,堪萨斯州所谓票选议员自然没有多大的法律效力。

然而,在另外一个地方,也就是密苏里州,有一群人不干了。这些人就是当地支持奴隶制的民主党党众。他们没有去堪萨斯州投票的权利,却想要干涉这件事情,于是这群人开始行军、操练、挖战壕、建工事。他们要用子弹来打破这一决议,帮助堪萨斯州获得实行奴隶制的权利。

不久,五名获得自由的黑人被杀。这一消息,激起了很多人的愤怒。其中,一位老牧羊人的反应最为激烈,他在堪萨斯州的平原地带揭竿而起,并声称:"我已别无选择,我一定要给那些支持奴隶制度的人们一点颜色看看,让他们知道什么才是上帝的旨意。"这个老人的名字叫作约翰·布朗。

5月份的一个夜里,老人带领全家做完祷告之后,便带着自己的四个儿子和一个女婿出发了。他们的目的地是大草原另一边的一座木屋,去那里的原因是那家人支持奴隶制度。老人一行来到目的地之后,破门而入,将那家的主人和他的两个儿子拽出屋外,砍下了他们的头颅……

从此,此类的砍杀和射击事件时有发生,史称"流血的堪萨斯"。

为了解决这类事情,道格拉斯提出了一个建议。他觉得,堪萨斯州的伪议会是无权也没有能力解决这件事的,需要将整个堪萨斯州的民众集合起来,进行一次投票,用投票的结果决定这个州的未来。到那时,不管堪萨斯州是否实行奴隶制,都不会再有人反对了。

道格拉斯的这个提议是非常合理的,但是当时的美国总统詹姆斯·布坎南就是一个农奴制的支持者,他自然不会同意这样的建议。

于是,布坎南和道格拉斯发生了激烈的争吵。

总统威胁说,要将道格拉斯送进政治的屠宰场,而道格拉斯则反过来威胁说:"朋友,我曾以上帝的名义帮你竞选总统,我也一样可以以上帝的名义将你从总统的座位上拉下来。"这不仅仅是道格拉斯发出的威胁,也是改变历史的一个转折。在此之前,奴隶制的发展势头一直很猛烈，但是自从总统跟道格拉斯发生冲突之后，奴隶制的发展就慢了下来。

道格拉斯为了自己的信念，也为了每一个北方人的利益，开始了这场争斗，一场无私的、光明的争斗。最后，道格拉斯重新赢回了民心。芝加哥还是那个芝加哥，可是1854年的时候道格拉斯回到这里，得到的是航船下半旗，教堂鸣响警钟的默哀。而如今，他再一次回到自己家乡的时候，却是另一番景象了。大街上鼓声喧天，人潮如织，他到来后迎接他的是礼炮声，成百上千的人排着队等着跟他握手。

道格拉斯返回家乡后不久，伊利诺伊州的民众决定选举一名联邦参议员。民主党提名道格拉斯，而共和党提名的则是默默无闻的林肯。

之后的一系列争斗让林肯声名鹊起。两个人在互相激辩的过程中，极尽煽情，民众们也越来越激动，公众的狂热度已经到了顶点。空前庞大的人潮使得任何聚会场所都容纳不下，于是，到后来的时候，演讲只好在树林或原野中进行。记者们紧紧跟随，生怕漏掉任何一条有价值的消息，报纸也以巨大的篇幅连篇报道这场轰动的竞赛。

两年后，林肯入主白宫，这场辩论为他做了极佳的宣传。

选举前几个月，林肯就开始准备了，每当他的大脑中出现一些零碎的观念或者有价值的句子或词汇的时候，他总是在第一时间找来一张纸片，将其记录下来。他把这些纸片放在自己的帽子里，随身携带，当达到一定的数量后，就将之重新抄写整理一遍，而且还会边写边念，不断进行修改。

第一篇演讲稿初稿完成后，他邀了几位好友到州议会的图书馆里关起门来念给他们听，每念完一段林肯就会停下来，要求朋友们发表意见，给他批评和指正。后来，这篇演讲稿中的几句话，还成了举世闻名的名言：

"有裂隙的房子总有一天会倒塌。"

"我坚信我们的政府不能容忍奴役与自由并存的状态。"

"我不希望联邦解体,我也不希望看到房子倒塌,但我真心希望它能够停止分裂。"

"为了长远的和平与团结,为了正义而发生的战争是值得的。"

听到这些话后,林肯的朋友们很吃惊,他们觉得这类话语太过激进了,支持者们听了后会被吓跑的。

最后,林肯慢慢地站了起来,很认真跟大家解释自己演说的主题思想,他觉得"有裂隙的房子总有一天会倒塌"是颠扑不破的真理。

林肯说:"这是举世皆知的真理,我想要某个家喻户晓的人物,用最简洁的话语将它说出来,以唤醒沉睡着的人们,让他们意识到将要面临的危险。这一时刻已经来临,真理必须要有人言说,我决定不再保持沉默了,我要用我的良心说出这些话来。如果为这些我不得不下地狱,那么我毫不在意。我愿意为了捍卫真理而死,也愿意为了倡议真理而死!"

8月21日,第一场大辩论在芝加哥城外七十五英里处的渥太华镇如期上演了。辩论开始的前一天晚上,人们蜂拥而至,导致当地的酒店、旅馆以及私人住宅甚至马坊都人满为患。方圆一里地之内,篝火连绵不绝,仿佛这座小镇被军队包围了一般。

当天正午,从芝加哥开来了一辆列车,足足有十七个车厢。整列车内座无虚席,连过道上都塞满了人,有些心急的旅客干脆坐在火车的车顶上,为的就是观看这场大辩论。

道格拉斯乘着六匹白马拉的高级马车在大街小巷中来回驰骋,每到一处,人群中都会爆发出阵阵欢呼声,人们为这个声名显赫的政治骄子而折服,甘愿拜倒在他的脚下。

当然,林肯的支持者也不肯示弱,他们为了显示自己对道格拉斯的排场的不屑,采取了另一种方式。这些人找来两头白骡子,拉上一辆破旧的干草车，载着候选人林肯满街跑。在林肯的车后面是另一辆干草车，上面坐着三十二个少女，每个少女的身上都挂着一条标语，上面写着：

帝国之星向西部前进。

跟随着林肯的少女们，就好像母亲跟随着大地。

演说家、记者以及委员会的成员们，需要花上足足半个钟头的时间，才能够穿过人群，挤到演讲台前。

有人为了防止太阳的暴晒，在现场用圆木搭了一座遮阳棚。结果，一群男人因找不到地方落脚而爬上了棚顶，最后因为上去的人太多，竟然把遮阳棚给压塌了。

对两个演讲者来说，无论从哪方面对比，都是差异巨大的。

道格拉斯身高五英尺四英寸，而林肯则是六英尺四英寸。

道格拉斯文雅，而林肯略显笨拙。

道格拉斯嗓音洪亮，是男中音，而林肯则嗓门略细，属于次中音。

道格拉斯具有大众偶像般的风采，而林肯的脸上则难见血色又布满皱纹，还有浓厚的忧郁色彩，毫无吸引力。

道格拉斯打扮得像个富有的南方农场主，而林肯的打扮则差了很多，仿佛一个农场的雇佣工人。

道格拉斯讲话沉闷，丝毫没有幽默感，而林肯则具有很强的幽默感。

不管走到哪里，道格拉斯都在重复着同样的话，而林肯则可以即兴发表演说。

道格拉斯爱讲排场，好虚荣，而林肯则讨厌装腔作势，喜欢简朴和实用。

道格拉斯是个典型的机会主义者，没有固定的政治理想，他的目的很简单，只是求胜。林肯则是一个有大原则的人，对他来说，只要正义得到彰显,那么自己的胜负是无关紧要的。

林肯说:"我向来是一个有抱负的人,为了能让自己的抱负实现,上帝可以证明我曾经的祈祷有多么虔诚。我看重荣誉,但我更看重真理。如果'密苏里协议'能够保存到今天,如果奴隶制度不企图四处扩张,我愿意让道格拉斯入局,我自己出局。道格拉斯法官和我谁当这个国会议员都不是问题,我们两个根本就无足轻重,重要的是这个论题本身。总有一天,我和道格拉斯会走向生命的终点,那时候,我们谁也不能再开口了。但我们今天讨论的这个论题,依然还会被人们重视,曾为了它付出过的人们,曾为它牺牲过的利益,将永远被写在史书上,供后人瞻仰。"

在辩论中,道格拉斯则一直强调:不管哪个州,如果民众选择了奴隶制,那么他们就有权保留奴隶制。而且他还说,他并不在意民众是支持他还是反对他,他只坚持一点,"各州的事情,各州自己负责,别人无权干涉"。

林肯则旗帜鲜明地站在道格拉斯的对立面,他说:"道格拉斯认为奴隶制是对的,可我不这么看,我觉得奴隶制本身就是错误的,这是我们的根本分歧所在。他主张任何地区想要蓄奴就可以蓄奴。如果蓄奴没有错误的话,这当然好,可是,如果蓄奴本身就是错误的行为,我们为什么容忍别人这么做?"

总的来说,道格拉斯觉得奴隶制度的存废并不是问题的核心,也不是应该讨论的问题。他的观点更接近于,如果邻居有一个农场,那么他在上面种植烟草还是养牛都是他的自由,别人是不可以随意干涉的。但是,民众们的看法与道格拉斯不同,他们认为,奴隶制度从本质上讲就是不正义的,就是应该被消灭的。

林肯想给予黑人自由,但道格拉斯反对,他一次又一次地进行演说,驳斥林肯的观点。

对道格拉斯的做法,林肯也给予了回应。他说:"我为黑人呼吁,并不是强迫你们喜欢他们,如果你看他们不顺眼,那是你的自由，我不会干涉。我要给他们的不是跟你我一样的生活条件，这是需要个人努力的。我要给他们的是跟你我一样的生存环境。你可以认为他们没有你我聪明，也可以认为他们没有你我富有，甚至不可能像你我一般富有。但你不能否认，他们也应该有机会追求生命、自由和幸福，而不是被你我奴役，变成我们的私有物品。他们有权将自己辛辛苦苦做出的面包放在自己的嘴里，在这方面他们跟你、跟我、跟道格拉斯法官是一样的。"

道格拉斯多次指责林肯支持白人和黑人通婚。

林肯只得一次次否认，解释说："我反对道格拉斯的逻辑，我要的是不让黑人女子成为奴隶，并不是我要跟她们结婚，如果说我主张黑人也应该有人身自由权就说明我要跟她们通婚的话，那就是故意地歪曲了我的想法。如今，我已经五十岁了，从未雇佣过任何一个黑奴，也没娶过黑人为妻。不过，如果有白人愿意娶黑人为妻，或者有黑人愿意娶白人为妻，我也不反对。我希望你们也不要反对，看在上帝的分上，顺其自然，随他们去吧！"

道格拉斯一直企图回避重点，用错乱的逻辑搅乱人心。面对这种情况，林肯指责他论据薄弱，是在玩弄逻辑，肆意指鹿为马。

林肯说："他的所谓辩论，毫无逻辑可言，却总是要我对他的观点作答，这简直就是世间最无聊的事情。"

道格拉斯反驳说事情的真相并不是林肯所说的那样。对此，林肯回应说："如果一个人说二加二不等于四，而且一再重复这句话，那么很少有人能够改变他。我不能压制言论，不能让他闭嘴，我也不愿意称呼道格拉斯法官为骗子，可是，我仔细想了想，除了这个称呼之外，我还真不知该怎么称呼他。"

就这样，论战一周一周地进行着。这期间，越来越多的人加入其中，形势也对道格拉斯越来越不利了。莱曼·特朗布尔说道格拉斯就是一个骗子，说他是人类当中脸皮最厚的人。著名的黑人演说家弗雷德里克·道格拉斯也来到伊利诺伊州，加入到了攻击道格拉斯的行列。与此同时，激进的德裔改革家卡尔·舒尔茨也在外国选民面前述说道格拉斯的不是。就连共和党的报纸也以大字标题称道格拉斯为"造假者"。此时的道格拉斯孤立无援，处处碰壁，简直快穷途末路了。他在给好友厄舍·林德的信中，不无绝望地说："我被来自地狱的恶狗追逼。林德，看在上帝的分上，来帮帮我吧！"

发报员将道格拉斯的这封信复制下来，传给了共和党人。共和党人收到电文后，将之刊发出来，放在了报纸的头条。

道格拉斯的政敌们看到这条消息后欣喜若狂，而且从那一天起，人们便将那封电文的接收人林德戏称为"看在上帝的分上的林德"，以此来讽刺已近绝望的道格拉斯。

选举的那天晚上，林肯待在电报室里阅读回执。让他没想到的是，最后的结果显示，他又失败了。看到结果，林肯就起身回家了。当时外面正在下雨，四处一片漆黑，通往他家的小道滑溜溜的。突然间，脚下一滑，林肯的一只脚绊住了另一只脚，不过反应迅速的他并没有摔倒，而是马上平衡住身子，并说道："不过是滑了一下，并没有摔跤。"

不久之后，《伊利诺伊州报》的一篇社会评论中提到了林肯：

令人尊重的亚伯拉罕·林肯，无疑是伊利诺伊州最倒霉的一位政客。他在政治上的每一步都不顺利，计划常常落空，换了别人，肯定是无法承受的。

林肯见曾经有那么多人去听自己和道格拉斯的论战，觉得自己的演说水平还不错，于是就觉得可以做一场关于"发明和发现"的演说，以赚点外快。他在布鲁明顿租了一个场地，然后招来一位年轻的女士帮自己卖票，可是竟然没有一个人前来买票。于是，失望的林肯再一次回到自己那黑压压的，书架上已经长出了树芽的办公室。

确实该回去了。林肯已经六个月没有办过案子，这期间他一分钱也没有赚到,而且原本的积蓄也花光了。可以说,此时的林肯已经身无分文了,甚至都没钱还肉店和杂货店的欠款。

于是,林肯只得再次驾上自己那辆破旧的马车,四处巡回办案。当时是11月,天正冷,野雁在天空中厮鸣,狼在树林里哀嚎。面对这些,林肯却看不见也听不见,任由马车前行,自己则撑着下巴沉思,眼里充满了孤独和绝望。

"黑马"候选人

1860年春天,新成立的共和党在芝加哥举行集会,其中一项重要内容就是提名总统候选人,谁也没有想到,这竟然是林肯的机会。就在这之前不久,林肯给一位报社编辑写信的时候,还说过:"说心里话,我觉得自己不适合当总统。"

当时,人们大都认为,被提名的应该是威廉·苏厄德。因为就在代表团乘坐火车前来芝加哥开会的时候,大家曾经做过一个测验,结果,苏厄德得到的票数比其他几位候选人的票数加起来还要多。而在有的车厢中,林肯的票数是零。估计那时候,很多代表团成员根本就没有听说过林肯这个人。

集会的那天,正好是苏厄德的五十九岁生日。苏厄德认为,天底下没有这么巧合的事情,所以,提名肯定是上帝送给自己的礼物,这更让他确定那个被提名的人是自己了。他非常自信,甚至已经开始跟以前的同事道别了,而且,他还在家中举行了一次宴会。同时,他买了很多礼炮,在家里预备着。他告诉下人,当集会投票结果出来就马上点燃礼炮,进行庆祝。

如果投票是集会当天进行,那么,苏厄德的礼炮很可能会按时发射。但是很不巧,当天出了些状况,由于印刷工人的失误,用来做记录的纸张没有按时送达。或许,那个工人走到一半的时候感觉累了,所以在中途喝了杯啤酒,或许,他当天遇上了堵车,或许……总之,那个工人迟到了,其后果就是会议室里的人们只能干坐着,什么也做不了。

大厅里蚊虫肆虐,又闷又热,而开了一天会的代表们又饥渴难耐,最后,人们一致决定,将投票的时间推迟到第二天的上午十点。

中间耽搁的十七个小时虽然不长,但也足够扭转一件事情了,即使那事情是总统候选人提名。

这中间,起到关键作用的是一个叫作霍勒斯·格里利的人。这是一个傲慢的男人,长了一个棒球一样的圆脑袋,头发很少,脑子里想的东西却是不少。

其实,开始的时候格里利并没有提名林肯,不过他以前跟苏厄德及其经理人瑟罗·韦德之间发生过矛盾,这个矛盾一直是他的一个心结。

事情是这样的:十几年来,他跟苏厄德以及韦德都是一个战壕里的战友。他帮助苏厄德做了很多事情,让苏厄德做了纽约州长,继而成为国会议员,他还一心协助韦德在政治舞台上保持核心地位。

可是,付出了这么多,格里利却没有得到任何回报。那两个人心安理得地享受着他的服务,却并不想让他获得任何好处。格里利想要承包州府的印刷业务,但是被韦德捷足先登了。他想成为纽约市的邮政局长,可韦德不愿意推荐他。他想成为州长,哪怕是副州长也行,但韦德拒绝了他的请求。这一系列的事情,让格里利非常恼火。

最后,格里利忍无可忍,他给苏厄德写了一封措辞严厉的长信,足足有七页之多,字里行间充满着痛苦和焦虑。然而,格里利依然没有得到自己想要的。

格里利的信是在1854年11月11日晚上写的,距今已经有六年时间了,这六年里格里利每天都想着报复他们的事情。如今,他觉得机会来了。在那个关键的晚上,格里利一晚没睡。他奔波于各个代表团之间,给他们讲道理,跟他们争辩,请求他们给予理解。他本来就是影响力很大的《纽约论坛报》的主编，是一个很有名的人，当他出现的时候，别人自然都会给他几分面子，至少会让他把话讲完。因此，他的努力自然也是有效果的。

格里利从多个角度进行了论证，披露了苏厄德之前做过的丑事，还说苏厄德这个人太过激进，他曾经提出的"血腥计划"以及要制定高于宪法的法规等事情，让很多人都对他感到恐惧。最后，格里利还向人们许诺，说他可以将各个州的州长招集来，以证明自己所说的全是实情。

他真的去做了，找来了宾夕法尼亚州和印第安纳州的州长。这两位州长确实配合，提起苏厄德都两眼冒火，拳头紧握。他们发誓说，自己绝对不会支持苏厄德……

面对这一切，共和党的人意识到，事情没那么简单了。如果自己的党派想要赢得选举，宾夕法尼亚州等地的选票是不可或缺的。可是，现在看来，如果起用苏厄德，那么这几个州的选票恐怕就要流失了。

于是，仅仅一夜之间，苏厄德的支持者们开始犹疑了。而此时，林肯的朋友们都没闲着，他们来往于各个代表团之间，试图将那些原本支持苏厄德的人的兴趣转移到林肯身上。他们跟人说，民主党一定会提名道格拉斯做候选人，而想要对付道格拉斯，林肯是最佳的人选。此外，林肯的祖籍是肯塔基，因此他还可以赢得肯塔基州及周边几个州的选票。还有就是，林肯符合西北部人们的要求，他是一个靠给人砍柴伐树起家的人，这个身份可以给西北部的人们以亲切感。

如果这些理由对方都不认同，林肯的朋友们就会拿出他们的撒手锏来，许诺给对方官位。他们答应让凯莱布·史密斯在内阁任职，从而赢得了印第安纳州代表团的支持，又用差不多同样的手段获得了宾夕法尼亚州的五十多张选票。

第二天，投票开始了。第一轮，苏厄德领先。第二轮的时候，宾夕法尼亚州的五十二张选票投给了林肯，结果林肯追平了苏厄德。第三轮，选票以一边倒的形式倒向林肯。

结果出来以后，人们发了疯一样地欢呼、庆祝，有的大笑、大叫，有的两两之间相拥而泣。疯狂与喧嚣差不多持续了二十四个小时。

就在人们欢呼庆祝的时候，格里利看到了躲在一边哭泣的韦德。此时，他的心终于平静了，他觉得，自己的仇已经报了。

而此时，斯普林菲尔德则是另一番情景。那天早上，林肯像往常一样来到了自己的办公室，但总感觉心神不宁，过了一会儿还是无法集中精力，于是他放下手中的文件，推门走出办公室。他来到一个店铺的后院，投了一会儿篮球，然后又玩了两杆台球，之后便去报社打探消息了。林肯来到报社的时候，结果还没有出来，他便坐在椅子上，跟别人讨论整个选举的形势。就在这时，电报员突然用极大的声音狂呼："林肯先生，您获得提名了！"

林肯听到后，一下就愣在了那里，呼吸都像停了一般，过了好一会儿才缓过神来。

这是他一生中，最重要的一个时刻。

经过了整整十九年的沉寂，林肯终于迎来了成功。

很快，消息就传遍了整个小镇，人们都涌上街头，不住地欢呼，彼此奔走相告，镇长还命人点燃了一个一百响的礼炮。

无数的人朝着林肯奔过来，他们跟他握手、拥抱，将自己的礼帽扔向空中……

"对不起，"林肯对身边的人说道，"在第八街（林肯家的位置）还有一位女士在等着这个好消息，我要去告诉她……"一边说着，他就向自家的方向狂奔而去。

那天晚上，斯普林菲尔德的街道亮如白昼，亮光来自人们自发点燃的篝火，而那天晚上，镇上的酒馆也都是通宵营业的。

在这之后不久，差不多半个国家的人都齐声高唱：

来自荒原的林肯，已走出荒原，

来自荒原的林肯，正迈步走向伊利诺伊。

告别故里

　　林肯能够顺利入主白宫，功劳最大的恐怕就是他的政敌道格拉斯了。道格拉斯将民主党弄得四分五裂，以致民主党仅候选人就有三个，他们三个人同时跟林肯争选票，自然导致民主党的势力分散，如果民主党也跟共和党一样，只有一个候选人，恐怕林肯未必能顺利当选总统。

　　由于对手的严重分歧，林肯在选举初期就分析出来自己赢面较大。可他担心家乡的人不投票给他，于是让竞选委员会挨家挨户进行调查和游说。调查的结果让林肯大跌眼镜，镇上的二十三名牧师和神学学者只有三个人将选票投给了他。林肯抱怨道："他们说自己是敬畏上帝的基督徒，选票却暴露了他们的本性，这些人根本不关心奴隶制度的存废。这件事上帝在乎，博爱的人也在乎。一个人不在乎，只能说明他没有读懂《圣经》。"

　　另一个让人吃惊的事实是，林肯的亲戚中，只有一个人肯将选票投给他。之所以这样，是因为林肯的亲戚大多是民主党。

　　林肯是以低于半数的票数当选的。民主党的总得票数几乎比他多一半。他的胜利是区域性的。南方九个州没有一张选票投给共和党。也就是说，亚拉巴马、阿肯色、佛罗里达、路易斯安那等地没有一个人选择林肯，这可不是一个好现象。它说明，这个国家的人们，存在着严重的分歧。

　　现在，我们来了解下林肯当选之后的整个形势。想要说明这些，首先要从一个运动开始。

　　在美国北方，有一个一心想要消灭农奴制度的狂热团体。三十几年来，这个团体始终在为内战做着准备。他们印发带有煽动性的小册子、宣传书籍，还派出许多演说家，四处演讲，向人们宣扬农奴制度的丑恶。他们给人们展示被奴隶们穿得肮脏破败的衣服，展示奴隶们的枷锁和手铐，展示用来惩罚奴隶们的带着血迹的鞭子以及其他一些刑具。他们还找来一些逃离出来的奴隶，让他们现身说法，讲述自己遭受过的种种暴行。

1839年的时候，这些人印发过一个小册子，叫作《美国农奴制的现状——一千个目击者的证言》。其中介绍了农奴遭受的各种酷刑，包括：将手插进滚烫的开水中；身体被烧红的烙铁印上印记，被刀刺，被皮鞭打死……种种惨状，让人不忍卒读。

这些废奴主义者们最不满的就是黑白混种，他们说，南方人之所以维护农奴制度就是为了发泄自己的淫欲。

温德尔·菲利普斯甚至直接就说："南方就是一个大妓院，近五十万的女人在皮鞭下被迫卖淫。"

斯蒂芬·福斯特则宣称，南方的卫理公会中，有五万女性黑奴被逼迫过着卖淫的生活。他还说，当地的牧师之所以维护农奴制度，是因为他们自己也需要女人。

在跟道格拉斯激辩的时候，林肯也曾说过，1850年，美国的黑白混血儿多达四十万五千七百五十一人，这些人几乎都是黑女奴与白种男主人生的。

可是，由于宪法也保护奴隶主们的权利，因此废奴主义者们将宪法称为"与死神的盟约，与地狱的协议"。

有一位穷苦的教授夫人，在其餐桌上写成了一本小说，名叫《汤姆叔叔的小屋》，将废奴主义文学推向了顶点。她是含着泪写完这本书的，愤怒之情充斥在字里行间。在书的末尾，她写道："这个故事是上帝写成的。"此书影响很大，传阅度极广，因为它是第一本揭露奴隶制惨状的文学作品。

经别人介绍，林肯结识了这本书的作者，两人第一次见面时，林肯称赞对方引发了一场巨大的战争。

那么，这场运动的结果如何呢？南方人会因此而认识到自己的错误吗？结果恰恰相反。南方人选择了另一条路，他们不想结束农奴制度，反而想要脱离这个国家了。

1860年，林肯当选总统，南方人更加确信，农奴制度要结束了。他们必须做出选择了，是结束农奴制度，还是脱离这个国家。

关于两者如何选择，人们已经激辩了差不多半个世纪。即使是林肯也曾发表过对这个问题的见解，那时候，他是主张州政府有脱离联邦政府的权利的。

然而，此时是1860年，这时候他是美国的总统，自然不能再抱持类似的观点。当然，虽然林肯改变了观点，但南方人的观点并没有变。林肯当选总统六周后，南卡罗来纳州就通过了脱离联邦政府的决议。那里的人们走上街头，用自己的方式庆祝新"独立宣言"的诞生。紧接着，南方又有六个州宣布了同样的决定。就在林肯去往华盛顿的两天前，这些州还选择杰斐逊·戴维斯作为他们新成立的国家的总统。而且，这个新国家宣称："黑人当奴隶是其与生俱来的命运，这是颠扑不破的真理。"

由于面临换届，总统布坎南也将要让位，其内阁成员早就已经不再认真工作了，这种情况下，布坎南总统自然没有力量阻止南方几个州的行动。因此，在换届交接的这三个月中，林肯只能枯坐在斯普林菲尔德的乡间，眼看着联邦政府即将分崩离析而束手无策。

林肯知道，南方的几个州已经开始招兵买马，购买枪械了，他意识到，自己只有通过武力才能挽救这个国家。

林肯是一个迷信的人。他相信梦境和很多不同寻常的事件能够预示未来。1860年，在他被选举为总统的那个下午，他就觉得自己遇见了这样的预兆。那天，林肯回到家中，一头栽倒在沙发上，打算美美地睡上一觉。就在这时，他看了对面的镜子一眼，发现里面的自己有两个头颅。林肯吓了一跳，马上站了起来。结果站起来后，镜子中的一切都正常了，可当他再次倒在沙发上之后，镜子中又出现了之前的情况。这件事让林肯很不安,玛丽则坚持认为,这是一个吉祥的预兆,说明林肯肯定会连任。但镜子中出现的另一张惨白的脸则预示着,林肯很有可能在连任之后就死掉。

不久后,林肯觉得自己的梦境应验了,他认为去华盛顿可能就是去送死。因为这期间他收到很多信件,其中很大一部分都是恐吓信,上面画着刀子和绞刑架。

大选之后,林肯曾对一个朋友说:"我最担心的就是房子,我不想将它卖掉,因为那样等有一天我回来的时候就没有地方住了。我想把它租出去,可是又怕租户不懂得珍惜,将它弄得破破烂烂的。"

最后,林肯将房子以九十美元一年的价格租给了一个自己信任的住户,他觉得对方一定会善待自己的房子。之后,林肯在报纸上登了一则启事,要出售自己家中的各种家具。

邻居们看到这个启事之后,都跑来林肯家里,想要随便买些什么以留作纪念。面对热情的人们,林肯很大度,跟他们说:"你们想要什么随便拿,至于价钱,看着给就好了。"

结果,林肯家的东西被人们抢购一空,却没有卖出多少钱来。

林肯的大部分家具都被大西北铁路公司的主管迪尔顿买走了,后来迪尔顿将这些家具带去了芝加哥,结果在1871年的时候遭遇了一场火灾,这些家具全都被烧毁了。

其余的几件,都卖给了镇上的居民,几年之后,一个旧书商收购了这些家具,运到华盛顿,放在林肯去世之前居住的公寓当中,留作纪念。这栋房子现在已经成了政府的资产,变成供人们瞻仰的博物馆了。

当年,林肯的邻居们以一美元五十美分的价格买到的旧椅,如今比等重的黄金还要值钱。林肯碰过、使用过的东西现在都身价百倍。他被暗杀时所坐的那把黑色胡桃木摇椅于1929年卖了两千五百美元。战时林肯所拍发的四百八十五封电报的原稿被收藏在布朗大学,据说,这些电报如今价值二十五万美元……

然而最初，斯普林菲尔德的居民们谁也没有预料到这一点。也难怪，那时候，这位未来的伟大总统还是一个普通得不能再普通的人。多年来，林肯几乎每天早上都拎着菜篮，披着围巾，到杂货店去买日用品。傍晚时候，则到城郊的牧场去赶母牛回家，并亲自挤牛奶，之后就是清洗马厩、砍柴、烧火。

在去华盛顿的三周前，林肯开始准备他的第一次就职演说。为了获得一个安静的环境，他将自己锁在一个杂货铺楼上的房间中。他借来几本书，以它们为参考，开始了演说稿的准备工作。几天后，就在那间昏暗、简陋甚至有些脏的小屋子里，林肯写完了他那著名的就职演说词。在演说词的末尾，林肯用近似哀婉的口气，对南方各州的人们发出了恳求：

我们是朋友，不是敌人，我也不愿意与你们交战。尽管局势很紧张，但这并不是割断我们之间亲情纽带的理由。当神秘的记忆之弦被唤醒之后，会从全国每一个战场或烈士们的坟墓中延伸到我们每一个人的心里，它会触动我们内心那善良的本性，让我们彼此关爱。我相信，我们的联邦队伍一定会得以壮大。

将要离开伊利诺伊州的时候，林肯步行七十英里来到了查尔斯敦向他的继母道别。林肯依然像往常一样叫她妈妈，她抱紧他，哭着说："亚伯，我不想让你竞选总统，我也不愿意让你当选。我总感觉这不是好事，觉得你会因此出事，或许，我们今生再也无法相见了，我们只能在天堂再次相会了！"

在离开斯普林菲尔德的前一天晚上，林肯又走进了自己的办公室，处理了一些日常事务。下面是赫恩登事后写的，关于那天的回忆：

处理完手中的事情之后，他走到对面的房间，重重地坐在了沙发上。他面向天花板，一言不发。过了一会儿，他问我："比利，我们在一起共事多久了？"

"有十六年了吧！"我回答他。

"这么长时间我们从没红过脸，是吗？"

"确实，我们从来没产生过矛盾。"想起这点后，我有些激动。

接下来，他回忆起我们过去的一些趣事，又回想了一些以前一起巡回办案时所发生的笑话……

最后，他收拾好自己的东西，要离开了。临走的时候，他向我提出了一个很奇怪的请求。他说一定要将楼梯口那个破旧的告示牌留下来。"别动它，就让它在那挂着吧！"他声音低沉地说道，"让人们看一看，不管林肯当没当总统，他和赫恩登的律师事务所都是不会变的。如果有一天，我回来了，那么我们接着经营它，就好像什么也没发生过一样。"

他又在屋里逛游了两圈，好像是在跟屋子里的每一件东西告别似的，然后才依依不舍地离开。

我跟着他一起下了楼，在路上的时候，他跟我说起了总统的办公室，他说自己不喜欢那个环境，还说自己已经厌倦当官了，一想到接下来将要面对的工作就头疼。

当时，林肯的总资产在一万元左右，可是他的身上没有现金，因此只好去朋友们那里借去华盛顿的路费。

他出发去华盛顿的那天，下着小雨，车站的站台上挤满了前来送行的人们。他们基本上都是林肯的老邻居，一共有一千五百人左右，这些人排成一行，林肯挨个跟他们握手道别。最后，发车的铃声响了，车要开了，林肯走进专用车厢，但是一分钟后又出现在了站台的末端。

本来，林肯是不想发表演说的，这之前，他也曾跟报社的记者打过招呼，告诉他们不必去火车站，因为他没什么想要说的，也没什么可以给记者报道的。可是当天，看到那么多老邻居们熟悉的面孔，林肯突然觉得自己好像有很多话要说。

那天的简短演说比不上他在葛底斯堡的任何一次演说，当然，跟他第二次就职时发表的著名演说就更不能相比了。但是，这次演说虽然不华丽，却很动人，其中包含的真情实感是林肯其他任何一次演说也比不了的。

纵观林肯一生，在进行演说的时候，只有两次落泪，这就是其中之一，他说：

朋友们，此时，没有任何人能够体会我的悲伤。我所有的一切都是这里给我的，在这里，我度过了超过整个生命的四分之一的时光，我在这里从一个青年变成了一位老者。我的孩子们在这里出生，而且，其中一个也已经长眠在此了。现在，我就要离开了，我不知道是否还有机会回来，也不知道是否还有能力回来，我将要面对的使命比华盛顿还要艰巨。我想，如果没有曾经帮助过华盛顿的上帝在暗中帮助我的话，我不可能成功。如果真的是上帝在帮助我，那么我就不允许自己失败。我相信上帝，他会与我同行，我将你们托付给他，也希望你们能够在他面前为我祈祷。再见。

内战开始

林肯前往华盛顿的路途中，美国特工人员和私人侦探们都发现了一个阴谋，有人要暗杀林肯，地点是巴尔的摩。

听到这个消息后，林肯的朋友们劝他改变行进计划，在晚上的时候悄悄进入华盛顿。但林肯不同意这么做，他觉得那样显得自己太胆怯、太懦弱了。不过，最后在人们的劝说下，他作出了一定妥协，决定在剩下的旅途中尽量保持低调，不被任何人发现。

林肯夫人听说计划有变，坚持要跟林肯一起走。可是众人都不同意，跟她说，她应该坐下一趟火车才行，结果玛丽大发雷霆，吵闹起来，差一点被人发现。

按照原来的计划，林肯22日要在宾夕法尼亚州的哈里斯堡发

表一场演说,并且在当地留宿一晚,第二天早起赶往巴尔的摩和华盛顿。

他按照原来公布的时间在哈里斯堡发表了演说,却并没有在那里过夜。晚上六点的时候,他穿了一件旧外套,戴了一顶破帽子,从旅行社的后门溜了出去。然后上了一节没有开灯的火车车厢,连夜走了。同时,林肯的随从剪断了哈里斯堡的电线,让刺客们没法将这个消息传播出去。

在费城,为了掩人耳目,共和党的同志们忙活了一个小时,安排相关的计划。到那边后,为了不被人认出来,林肯跟当时著名的侦探平克顿先生一起坐进了漆黑的出租车,在费城转了好几圈。

十点十五分,林肯在平克顿的搀扶下走进车站,路途上,他一直故意弯着腰,并用旧围巾紧紧遮着脸,以防止被人认出来。他们一路穿过候车室,径直来到了火车的最后一节车厢,而此时,平克顿先生的女助手早已经用一个大黑门帘将这节车厢遮挡得严严实实了。她跟别人说,她要带自己生病的弟弟去别处医治,她弟弟害怕见光,所以她只能将车厢遮挡起来。

当时,林肯一共收到了好几十封恐吓信,信中威胁说不会让他活着走进白宫。为此,陆军总司令斯科特将军非常担心,他害怕有人会在林肯进行就职演说的时候实施暗杀行动。因此,他在国会大厦附近安排了很多卫兵,以防止出现意外。同时,他还命令自己手下的士兵们,一定要将听众和林肯隔开,不要让他们靠得太近。

典礼结束后,林肯会乘着马车由滨州大道往回走,而斯科特将军在道路两旁也排满了卫兵,同时,在周围的建筑中,他还安排了很多狙击手。

最后,演说很圆满,没有出现任何意外,林肯顺利地进入了白宫,这让很多人感到惊讶,当然,也让很多人感到失望。

林肯就职的时候,美国的经济形势非常不好。当时,国家已经陷入财政衰退的状况,数以千万计的民众都在为自己的工作发愁。

他们知道，这是共和党首次执政，林肯上台后，一定会将所有属于民主党的公务员全部辞退，甚至每周只有十美元薪酬的小职员也未必能够幸免，这样，或许就可以空出很多新的职位来。

林肯走进白宫不到两个小时，就被前来求职的人给围住了，大厅、走廊、东厅，甚至私用的客厅里都挤满了人。

成百上千的人来找林肯，希望能够获得他的帮助。人们挤在白宫门前，久久不愿离去。如果哪个官员病倒了，那么马上就有好几十个人来到林肯门前，跟林肯说："如果那个人死了，他的位置你一定要留给我"。

人人都拿着求职信、鉴定书，以证明自己的能力，可信件实在太多了，林肯根本看不过来。有一天，有两个人申请同一个职位，每人手里都拿着大捆的信件。林肯接过两个人的信件，看也没看，就将它们放到了天平上，看哪个人的信件更重些，就将职位给了那个较重的。

有的人被林肯拒绝之后，就会破口大骂，他们在路上拦截林肯的马车，非要他给自己一个说法。甚至，一年之后，内战开始了十个月的时候，还有人因为林肯当初没给自己安排工作，而经常来骚扰他。

当时的林肯，不仅要关心战事，还要给这些人解决工作问题，以及处理各种各样的纠纷，终于，在这重重重压下，林肯挺不住了，他下令说："把那些求职的人给我找来吧，我给他们每个人都安排工作。"

林肯刚刚进入白宫，就遇到了难题，当时，扼守科罗拉多南部、查尔斯顿岗山姆顿要塞的驻军没有粮草了。如果不马上给他们提供粮草，那么当地就会落入南方联盟的手中。于是，林肯面临一个两难的选择，是给他们粮草，还是让他们向南方盟军投降。

关于如何选择，林肯手下的官员们也发生了分歧。

林肯的军事顾问跟他说："不要送粮，一旦送去粮食战争马上就会开始。"

而且，内阁成员也基本都是这个观点，当时的七位阁员中，有六个人持同样的看法。但是，林肯心里清楚，不送粮自然可以避免战争，但同时也会导致要塞失守，落入南部盟军手中，这等于是在鼓励南方盟军继续进行南北分裂行动，那样会导致联邦瓦解，这是他更不愿看到的。何况，在他的竞选演说中，他还曾经发过誓，要以"上帝的名义"保卫整个联邦的完整。

最后，林肯终于做了决定，他下令"波瓦坦"号军舰载着咸肉、豆子、面包前往山姆顿要塞去送供给，但是没有给他们送枪械、人员和弹药。

杰斐逊·戴维斯听到这个消息之后，马上致电处于前线的博雷加德将军，告诉他，如果有必要，可以对山姆顿要塞展开攻击。

驻守要塞的安德森少校跟博雷加德将军报告说，再等上四天，北方驻军就会自己撤退，因为他们早已经没了粮食，只能靠吃咸肉度日了，而且即使是咸肉，也不多了。

可是，博雷加德将军没有等，他为什么这么做呢？

或许是因为他觉得，如果不当着人们的面流些血出来的话，退出联邦的几个州，很可能会改变主意，重新加入联邦。而先向联邦开火，自然会让这些人决裂的信心强些，也更能激发他们的斗志。

正是基于这种考虑，博雷加德下达了一个命令，向北方联军开火。4月12日早晨四点半，一枚炮弹划破黎明的天空，掉进了要塞附近的海中，进攻正式开始。

轰炸整整持续了二十几个小时。

南方联邦将这一事件利用得很好，在他们的激励下，年轻的人们兴奋地穿上新军装，在鼓乐声中，伴随着家乡少女们崇拜的眼光，正式走向了战场。

虽然炮轰山姆顿要塞并没有产生人员伤亡，但其影响不小，它就像一根导火索，被点燃后马上就开始激烈燃烧，引起了一系列的连锁反应，一场空前惨烈的战争，马上就要爆发了。

第三部
伟大的领袖

初战失利

林肯发出征兵号令，召集了七万五千人。这一消息，举国震惊，掀起了一股爱国热潮。广场上、大厅里，演说家们用他们的如簧之舌高谈阔论，吸引了无数的观众。在这样的背景下，男人们纷纷放下锄头和手中的笔，成群结队地走向军中。

十周以后，有十万九千人应征入伍，他们一面操练，一面唱着：

约翰·布朗的尸体虽然腐烂在坟墓中，
但他的灵魂却永远在战斗。

军队已经有了，可是由谁来指挥这些军人呢？当时，公认的军事天才只有一位，即罗伯特·李，可他是南方人，很多人对他都不太放心，不过林肯还是将其任命为北方联邦军总司令。如果当时李答应了林肯的任命，那么历史可能就是另一番模样了。其实，李曾认真考虑过林肯的建议，在很多事情上，他跟林肯的见解是一致的，他也讨厌农奴制，也热爱联邦，不想看着联邦分裂，他也觉得这个国家不应该遭受灾难。然而，他是弗吉尼亚人，在他们那里，人们都会将自己的州的利益放在国家的利益之上。几百年前，那块土地上曾经遭受过外来人的侵略，后来经过反抗弗吉尼亚人才夺回了政权。罗伯特·李的父亲，那个家喻户晓的"轻骑手哈里·李"，曾经协助华盛顿追击佐治亚王国的军队，立下赫赫战功，后来当上了弗吉尼亚州的州长。这位战功卓绝的老人，曾不止一次告诉罗伯特·李，要热爱自己的家乡胜过热爱这个国家。

父亲的教导和祖辈们流传下来的观念深深影响了李，所以，在听到弗吉尼亚州加入南方联盟之后，李对外宣布："我不能领导敌军来对付我的亲人和我的家乡，我要做的是，回到老家，帮他们分担痛苦。"

李的这个决定,将这场内战延长了两三年。

李已经决定追随南方联盟军了,林肯自然也就要重新考虑联邦军总司令的人选。当时,军队是由温菲尔德·斯科特将军领导着的,这是一个有过辉煌战绩的老军人。1812年的时候,他曾经带领着自己的军队打过一场非常漂亮的仗。可是,如今已是1861年了,这位骁勇的将军早已经老了。无论在心智上还是在体力上,他都不再有当年的风采,更重要的是,这位老人也已丧失了年轻时的激情和勇气。

此外,这位老人的身体也已经老化了,他有严重的脊椎病,用他自己的话说,他已经很久没有骑过马了,因为上马之后脊椎就疼得厉害。同时,他还患有水肿和眩晕。

这样一个风烛残年的老人,他应该去的地方是医院,可是现在,林肯却要他担任整个军队的最高指挥官,这不得不让人担心。

林肯之前征集的七万多军人,到七月服役期就满了,可他们还没有去过战场,到六月下旬的时候,焦急的人们早已经紧盯着这个问题了,出征的议题十分急迫。

报纸上整天都在刊登要求开战的文章和口号,民众们也都充满激情,想要让联邦的军队开向南方,战胜那个不可一世的李,"清算他的部队"。

从舆论看来,似乎一切都好了,但是军方的首脑清楚,就目前来说,他们的军队还没有做好战斗的准备,至少是不充分的。但是,迫于舆论的压力,林肯还是下达了出征的命令。

那是7月的一个炎热晴朗的下午,麦克道尔率领着三万军队开向了南方,前往弗吉尼亚州的布尔河边,准备与南方联盟的军队作战。在当时的美国,还没有哪个将领曾经指挥过如此多的军队。

不过那军队虽然人数众多,却是一群乌合之众。他们没有经过严格的正规的军事训练,对战争还十分陌生,有的甚至连军规都不知道。其中好几个团的士兵,都是十天前才征集进来的,根本没有接受过任何训练。与其说这是一群用生命在战斗的战士，还不如说他们不过是一群去送死的小丑。

7月底的一个上午，南北战争的第一仗正式开始了。

当炮火响起，听见有人受伤尖叫，看到有人倒地而死时，宾夕法尼亚军团和纽约炮兵吓破了胆。不过，此时他们虽然害怕，但脑子还清楚，马上就想起了一件事，他们的三个月兵役期已经满了。于是，这群人当场要求退伍，而且是就在战场上马上退出。根据麦克道尔的描述，这些人躲在了敌人炮火的后面。

不过，令人欣慰的是，其他战士的表现很好，他们很勇猛，一直战斗到下午的四点半。这时候，南方联盟军的增援到了，一下子来了两千多人，南部火力剧增。

这个消息很快就传开了，现场一片恐慌。

两万多军队突然都不服从命令了，麦克道尔和他手下的将士们竭尽全力维持秩序，可是根本没有任何效果。

南方联盟军以最快的速度炸毁了道路，战场上逃兵、粮草车、救护车等乱成了一团。士兵们跳上身边的战马，仓皇逃窜，结果这些骑马逃离的人被慌乱中的"同志"们误以为是南方联盟军的骑兵，又引起了更大的慌乱。人们争相告知，南方联盟军的骑兵冲过来了。

这支被民众们寄予了莫大希望的军队，此时已经彻底失去斗志，变成了彻头彻尾的乌合之众。

士兵们纷纷扔下手中的枪开始逃命，有些由于极度疲惫，瘫倒在了路旁，结果被其他逃窜的人踩踏致死。

那天是星期天，林肯正坐在教堂里，二十英里外的炮声传进了他的耳朵。礼拜结束后，林肯以最快速度冲进了战争部。他迅速寻找着各方发来的战报，然后拿着这些并不全面的信息去找斯科特将军，想跟将军讨论战况。当他急急忙忙地走进老将军的住处时，老人正在睡午觉。

终于，老将军揉着眼睛醒来了，但他的身体非常衰弱，根本没办法马上站起来。只见他抓住天花板上吊着的一个类似马鞍的东西,然后用力一拉,才把自己那胖胖的身躯拉直。

之后,老人慢条斯理地跟林肯说:"我不知道现在战场上的情况,不知道那里有多少人,在什么地方,武器装备如何我也不知道,从来没有人向我报告过这类事情。"

这就是联邦军队的最高统帅,美国的最高司令官。

林肯无奈地给他看了几封电报,他慢吞吞地读完了之后,叫林肯不要担心,然后说自己后背疼,之后就又躺下睡觉了。

午夜的时候,那支溃败的军队穿过长桥,越过波托马克河涌入了华盛顿。

之后,马路上迅速搭起了餐桌,一车又一车的面包运来了。女人们拿着热滚滚的汤和面包,在那里为军士们分配食物。

麦克道尔累得要命,电文写到一半的时候,竟然拿着铅笔睡着了。他的士兵们也跟他差不多,无暇顾及其他,躺在大街上就打起了呼噜。

那天晚上,林肯一夜没睡,他在听通讯员和战争目击者们讲述联邦军溃败的整个经过。

面对这结果,很多人陷入恐慌,格里利认为,应该马上停止战争,在他看来,南方联盟军是不可战胜的。同时,伦敦的银行家们也都认为联邦军必败无疑,因此,他们派其在华盛顿的代理人冲向财政部,要求美国政府为在他们那里借贷的四万美元进行担保。

对林肯来说,失败已经不是什么新鲜事了,他经历过的失败实在太多了。他相信,虽然现在的境况不好,但联邦军一定会取得最后的胜利。林肯走到沮丧的士兵中间,跟他们一一握手,又一遍遍地给他们鼓劲:"上帝会保佑你们的!"他坐下来跟士兵们一起吃豆子,并跟他们谈论天气,他想用这种方式给他们鼓劲。

林肯知道,根据目前的情况看,想在短期内结束这场战争是不可能了。他向国会发出请求,要求国会授权给他,再征兵四十万。

国会通过了林肯的请求,并将这个数字上调到了一百万,并且要求其中的五十万服三年的兵役。

但是,另一个十分重要的问题还在困扰着林肯,那就是选谁来担任这些部队的指挥官。那个靠着外力才能够从床上坐起的老将军肯定是不行了,那么,还有谁能够担任这个职位呢?

就在这时,一个人进入了林肯的视野。这是有史以来最让人失望的将军,他给林肯带来了无尽的麻烦。

纸上谈兵的将军

南北战争刚开始的几个星期,有一位年轻俊美的将军带着二十门大炮和一台便携式发报机来到了西弗吉尼亚战场,打了几场小规模的胜仗。这个人就是麦克莱伦。他打的几场仗都是规模极小的,不过这是当时联军们仅有的胜利,在人们眼中自然非常珍贵。这个年轻的将军也知道这几场仗的意义,而且十分懂得利用这点。他用发报机将这个消息发到了全国各地,向人们汇报了战争的整个经过和自己所使用的策略。这几场小战役让他大出风头。

这件事如果发生在几年后,那么他的行为肯定会被人耻笑。不过当时战争才刚刚开始,人们对战争到底是怎么回事完全不了解。此时的人们,需要的是一个勇武绝伦的领袖人物,带领他们大败敌军。这位自信的年轻将军适时出现正好填补了这个空白,因此自然得到了普遍的认可,大家都觉得,他就是那个可以带给人们胜利的人。人们对这个骄傲自夸的家伙充满信心,也给了他无限的荣耀。国会为他颁发了嘉奖,人们称他为"小拿破仑"。联邦军在布尔河遭遇失败后,林肯马上就想起了他,并任命他为联军总司令。

麦克莱伦天生一副领导的架势。士兵们每次见到他骑着白马奔驰而来,总会鼓掌欢迎。麦克莱伦工作相当认真,接手布尔河溃败下来的残军之后,便马上开始训练,他首先解决的,是士兵的士气问题。在给别人打气这方面，麦克莱伦很有一套，在他的带领下，军队士气马上高昂了起来。

到10月的时候，麦克莱伦已经拥有了一支在西方世界里堪称最强大、最训练有素的军队了。此时，他的士兵们斗志昂扬，人人都渴望与南方联盟军决一死战。

然而，虽然士兵们斗志高昂，但是麦克莱伦自己有另一番想法。林肯一再催他出击，但他就是按兵不动。他主持阅兵，给人们讲未来的计划，但也只是讲讲而已，就是不见任何的行动。

麦克莱伦故意拖延、耽搁，给自己寻找各种借口。有一次，他说部队正在休整，不适合现在进攻。林肯便问他军队到底发生了什么事，为什么会如此疲惫，需要休整这么久，但麦克莱伦没有回答。

还有一次，在安蒂特姆战役中，李被打败了。当时麦克莱伦手下的士兵远比李将军的士兵多得多，这时候，正是乘胜追击的最佳时机，麦克莱伦却按兵不动，任由对方逃走。当时，林肯给他发了很多电报，三番五次地催他追击对方，可他都将之当成耳旁风，完全不加理会。最后，被林肯催得无奈，他才给出了一个借口，说战马太累了，而且战马们最近得病，舌头出了问题，因此他无法行动。

在半岛战役中，有一次双方军力悬殊，麦克莱伦手下有十万军队，而对方只有五千人。但即使这样，麦克莱伦依然畏缩不前，只是筑起了一道工事，然后要求林肯给他加派人手。

林肯无奈地跟别人说："如果给他派去十万人，他肯定会答应我明天就像李将军发起进攻。可是明天早上的时候，他又会跟我说，自己的兵力不够，还需要再增加四十万。"

麦克莱伦虽然不敢向敌人进攻，却从不觉得自己胆小，反而自私自大到了极点，他不仅称林肯及内阁为"猎犬""小人"，还经常对林肯表现出极大的不尊重。

有一次，他晚上十一点钟才回家。进门时，佣人告诉他，林肯已经等了他好几个小时了，有急事要见他。他却不理不睬，路过林肯所在的房间时，不仅没有进去，连看也没看一眼，就直接上楼了，然后派人跟林肯说，自己已经睡觉了，让他改天再来。

这件事被记者知道了，他们将之登上了报纸，华盛顿人对此议论不休。林肯太太听说之后，含着泪请求林肯换掉这个"可怕的空谈家"。林肯回答道："我知道他不对，但是在这种环境下，我不能只考虑自己的感受，只要他能为我们打胜仗，我给他提鞋都没问题。"

夏去秋来，秋尽冬至，转眼间春天又快到了，然而季节在更替，麦克莱伦的主意却从没改变，他还是在训练军队，举行阅兵，丝毫没有出兵打仗的意思。

可是，全国人民没有这份耐心，他们情绪激昂，一直在等待着政府的动作。这直接导致林肯承受的压力越来越大，人们都在批评他，谴责他。

最后，林肯也发怒了，他致电给麦克莱伦，说："你的拖延会毁了我们的整个事业。"

在各方压力之下，麦克莱伦终于坐不住了。他现在只剩下两种选择，一个是出兵，另一个则是辞职。他当然不想辞职，因此只有出兵了。

麦克莱伦赶到哈伯渡口，命令自己的军队立即开拔。他的计划是从切萨皮克和俄亥俄运河运来船只，然后渡过波托马克河，由那里的渡口侵入弗吉尼亚。然而，他运送过来的船太宽，在通过运河的时候被卡住了，这个计划不得不搁浅。

麦克莱伦跟林肯汇报了这次失利，又说浮桥尚未搭好，不便马上出兵，此时，忍耐多时的林肯终于爆发了。他用多年前在印第安纳州乡间时常说的粗鄙言辞问道："混蛋，为什么没搭好？"

彼时，整个美国的民众都在用同样的语气质疑着这件事。

终于，4月的时候，"小拿破仑"效仿大拿破仑向士兵发表了一篇堂皇的演说，然后率领着十二万将士，唱着"我那留在后方的姑娘"出发了。

此时，战争已经持续了一年多，但麦克莱伦说，只要他出手，马上就能摆平战争，甚至不会耽搁战士们回家种玉米。

林肯和斯坦顿也对其充满信心，他们致电各州州长，叫州长们不用再征集志愿兵了，征兵处的各种设施也可以卖掉，因为以后很可能就也用不到了。

战场上有一句名言，叫作"要彻底了解你和你的对手"。在这点上，李做得很好，他对自己的对手，那个胆小如鼠的"小拿破仑"非常了解，知道麦克莱伦虽然口若悬河，但从未经历过战争，属于一见到血就会晕倒的人。

于是，在麦克莱伦耗费差不多三个月时间，疲惫地走到里士满的整个过程中，李都按兵不动。直到对方走得足够近，甚至能听到教堂里的钟声的时候，李才让自己的部下以迅雷不及掩耳之势，突然杀出。他们只用了七天，就将麦克莱伦打了回去，麦克莱伦损失了一万五千人。

麦克莱伦口中的"伟大的壮举"，就这样惨败收尾。

但麦克莱伦并不承认自己指挥失误，他还是像往常一样，将责任推到别人身上，说是因为华盛顿方面给他派的人手不够，才有此惨败。他还说他恨林肯和内阁，对他们的憎恨程度甚至超过了南方的联盟军。

其实，麦克莱伦的兵力是多于对方的，不过他没有好好利用自己的优势，指挥失误，才有了这样的结果。他之所以要求政府增兵再增兵，是因为他明白，华盛顿方面派不出那么多人来。这样，他自己就有推脱责任的借口了。

其实，林肯也早就明白这点，可他没有办法，事实上，碰到这样一个流氓，是谁也没有办法的。

现在，国民恐慌了，华尔街混乱了，国家的前途一片暗淡。

形容枯槁的林肯说："我简直就是这世上最忧伤、最绝望的人。"

麦克莱伦的岳父，也就是白宫的总参谋长马西，这时候发出言论说:"现在,除了投降,我们没有别的办法了。"

林肯一听到这话便怒不可遏,他叫人找来马西,说:"将军,我听说你用了'投降'这个词,但是我想告诉你,这个词跟我们没有半点关系。"

双重打击

经过多次的惨败,林肯深深明白,想要招募五十万军人,不难,花上几亿美元给战士们配备长枪和子弹也不难,真正难的是找到一个良好的将领。

此时的林肯感叹道:"军队的战斗力,完全取决于军队最高领导者的雄才和伟略。"

林肯一次次祈求上帝送给他一个像罗伯特·李,或者像斯通沃尔·杰克逊那样的军事天才。他说:"杰克逊是一个勇敢、正直、有谋略的军人,如果有一个这样的人在,国家就不必受这么多灾难了。"

但是,去哪找杰克逊这样的人呢?谁也不知道。

近两年来,林肯每天都在寻找这样的人才,可是一直没有找到。他曾经将自己的军队交给一个"饭桶将军",由着那将军带着士兵去白白送死,搞得三四万寡妇和孤儿们在各地号哭。可撤了他,换上另一个,还是如此。林肯经常一夜无眠,穿着睡袍、拖鞋来回踱步,每次报告送到的时候,他都一遍遍大嚷:"天啊!这个国家怎么办?我的国民将要如何是好?"

麦克莱伦失败之后,林肯起用的是约翰·波普。波普在密苏里作战时表现甚好,曾掳获好几千敌兵。他跟麦克莱伦有两个相似之处,一是长得比较英俊,再一个就是喜欢吹牛。他说他的司令部就在他的马鞍上,还发表了很多夸张的宣言,不久,人们就给他起了一个"宣言波普"的绰号。

他曾公开讽刺将士们是胆小鬼,还吹嘘说军队在他的领导下必将无坚不摧。这话引起了士兵们的不满,但感到最不满的还是麦克莱伦,麦克莱伦怨恨波普夺走了自己的位置,还觉得波普一直在公开讽刺自己。

波普将军队拉近了弗吉尼亚,大战近在眼前,他必须尽可能地掌握更多的兵力。林肯把波普发来要求增兵的报告给大家看,并下令火速增援。

可是,麦克莱伦会服从吗?显然不会。他争辩,他故意拖延,他费劲一切心机阻止波普,并且说:"让波普先生自己解围吧。"

最后的结果显而易见了,李击败了波普的军队,联邦军伤亡惨重。布尔河上再次上演了联盟军大逃亡,败兵又一次涌进了华盛顿。

李将军乘胜追击,攻下了一个又一个地方,甚至林肯都认为,华盛顿也可能会失守了。所有运输弹药的船只全部集结在河边待命,华盛顿全体官员,包括平民集体奉命守卫护城河。

战争部长斯坦顿在一片慌乱中给六个州的州长发电报,让他们将能够招募来的士兵全部送上战场。斯坦顿甚至开始准备将首都迁往纽约,他下令将军火库内所剩的一切供给全部装船,然后北上。财政部长蔡司则下令将国库内的金银火速搬到华尔街财务公署去。

林肯筋疲力尽,沮丧绝望,边呻吟边叹息:"我该怎么办?……我该怎么办?……彻底完了,彻底完了。"

人们一致认为,麦克莱伦为了报复,一直盼着波普垮台,希望军队被击溃。林肯把他叫到白宫,说他被国民指控为卖国贼,人们认为他坐视华盛顿失守,并希望南方得胜。

斯坦顿更是怒气冲天,他的脸涨得通红,挥舞着拳头四处咆哮。人们都说如果麦克莱伦在那会儿走进战争部,斯坦顿一定会给他一顿老拳。

蔡司的恨意更甚。他不想打麦克莱伦,他说这个人应该直接枪毙。这不是夸张,他真的希望将麦克莱伦的眼睛蒙上,将之推到墙边,然后一串子弹射过去。

林肯则是另一番模样，他一向善解人意，他没有指责任何人。林肯自己经过多次失败，因此他不想再去责备别人的失败。

最后，林肯将波普派去了西北，让他去平息印第安人的叛乱。同时，他召回了麦克莱伦，让麦克莱伦继续指挥联军。为什么呢？林肯说："虽然他不会打仗，但军中再也没有人能够像他那样，将军容整顿得像模像样了。先让他负责整顿军容，鼓舞士气吧，等这些做好了，再交给能够带兵打仗的人。"林肯早已预料到，重新起用"小拿破仑"肯定会受到指责，果不其然，命令发出后，果然有人开始谴责他了，且声浪还不小。斯坦顿和蔡司甚至说他们宁愿华盛顿被李将军攻破，也不愿看到这个卑鄙的小人重新指挥军队。面对他们的激烈反对，林肯感觉深深地被伤害了，他沉痛地表示，如果内阁要他辞职，他愿意照办。

几个月之后，也就是安蒂特姆战役之后，麦克莱伦又一次拒绝执行林肯让他追击李将军的命令。于是，政府第二次解除了他的兵权，"小拿破仑"的军事生涯从此结束。

联盟军必须选出另外一位杰出的领导人，可这个人是谁，他在哪？没有人能够回答。

最后，林肯豁出去了，他将指挥权交给了伯恩赛德。伯恩赛德知道自己的能力，明白自己根本挑不起这个担子，因此连续两次都回绝了政府的任命。可是政府好像吃定他了，又发来了第三次的委任状，最后，伯恩赛德无奈地接下了这个职位。

后来，伯恩赛德仓促率军攻击李将军的佛雷德里克堡防御工事，结果，除了白白损失一万三千人之外，没有产生任何其他结果。

士兵们开始大量逃走，伯恩赛德被解职了，接替他的是另外一位吹牛大王"好战的胡克"。胡克吹嘘道："上帝会怜悯李将军，但我不会。"

他率领被他称为"全球最棒的军队"跟李将军对抗，可是，兵力是对方两倍的他最后被打败了，李将军把他赶回了钱瑟勒斯维尔河对岸,并杀死他一万七千人。

这是南北战争开始以来,最具灾难性的战争之一。

那场战役是在1863年的5月进行的。总统的秘书记录道:那是个可怕的不眠之夜,总统在卧室内来回踱步,嘴里还不住地喊着:"完了,完了,这回全完了。"可是,在最后的时刻,林肯去了胡克的军中,给他的战士们鼓劲。

整个国家笼罩在失败的阴云之下,林肯也受到了来自各方面的抨击。

所谓祸不单行,就在军事极度失利的时候,林肯家里又出事了。

林肯非常喜欢自己的两个小儿子,泰德和威利。每到仲夏的夜晚,他常常会带着两个小家伙玩游戏,他不停地奔跑,外套下摆就在身后摇摆。有时候他跟两个小家伙玩弹球,由白宫一路打弹珠打到战争部的办公室。

泰德和威利的存在,给白宫增添了很多热闹,他们将白宫当成了自己的表演场地。他们曾教仆人进行军训,还偶尔捉弄一下前来向林肯要工作的人们,故意指错路;如果他们看上了那个前来求职的人,便会偷偷带其去见林肯,如果前门进不去就从后门进。

两个小家伙跟他们的父亲一样,不看重礼法。有一次,林肯正在召开内阁会议,突然,门开了,两个小家伙闯了进来,向总统汇报说,母猫在地下室产仔了。

还有一次,严厉的蔡司正在和林肯讨论国家所面临的严峻的财务问题,可泰德猛地扑向自己的父亲,将双腿架在了林肯的脖子上。这架势,气得蔡司说不出话来。

有人送给威利一匹小马,他很是喜欢,不管刮风下雨,始终坚持遛马,结果因为被雨淋感染了严重的伤寒。那段时间,林肯夜夜坐在他的床边照顾他。可是,威利还是没能战胜病魔,他过世了。小家伙去世时,林肯哽咽着说:"我可怜的孩子!可怜的孩子!他太好了,因此这个世上留不住他,上帝将他召回天国了。"

当时开克雷太太也在场，据她回忆："他双手抱头，全身发抖……林肯太太看到孩子那苍白的脸，不断地抽搐，因为伤心过度，她没有参加葬礼。"

威利去世后，林肯太太一看到他的照片就受不了，开克雷太太说："她无法面对儿子曾喜欢的一切，甚至连一朵花都不行。她把威利的玩具全部送给了别人……威利死后，她从未踏进他之前的房间一步，她不敢进去。"

林肯同样伤心欲绝，他一连好久都无精打采，几乎都无法办公了。桌子上堆满了没有开启的文件和信函，甚至连医生都一度担心他无法复原过来。

有时候，林肯会坐下来朗读作品，一读就是好几个钟头，只有秘书或武官当听众。他读的大都是莎士比亚的作品，有一天，他给助手朗读《约翰王》，当读到康斯坦斯哀悼其去世的儿子那段时，他合上了书本，背诵道：

天父，我曾听你说，

我们会在天堂看见亲友，

若真如此，我将与我儿重逢。

背完后，林肯问道："上校，你梦见过逝去的朋友吗？在梦中相遇时，你可曾因为那不是真实的场景而感到过悲伤？我常常会梦见威利，可到头来我却知道，那不是真的。"说完，他便将头埋在了桌子上，之后便传来了啜泣声。

混乱的内阁

当林肯从丧子之痛中走出来，重新将注意力放在内阁的时候，他发现，内阁也跟军中一样，存在着嫉妒和争执。

国务卿苏厄德就自诩为"总理"，他总是觉得自己比别人更聪明，经常干预别人的工作，他的作为在内阁中已经引起了众人的反感。

财政部长蔡司则瞧不起苏厄德，且视麦克莱伦为自己的眼中钉，他还讨厌战争部长斯坦顿，并厌恶邮政总长布莱尔。

布莱尔总在惹事，他曾抨击苏厄德是一个"毫无诚信的骗子"，并拒绝与苏厄德进行任何合作。而且，他对斯坦顿和蔡司也有很大的意见，他说自己"不会跟那些无赖们对话，哪怕是内阁的会议上也不行"。

……

总之，内阁里的每个人都觉得自己比林肯更加优秀。但是，这匹黑马突然杀出，闯进了内阁，将其他成员都排挤到了边缘，这是他们所不能接受的。

1860年的时候，司法部长贝茨曾被提名竞选总统。他在自己的日记中写道："共和党人提名林肯是一个致命的错误，这个人没有任何的意志力和目标，也没有统领上下的能力。"

那时候，蔡司也更希望提名的是自己而不是林肯，甚至直到生命的尽头，蔡司还在以一种"慈悲的轻蔑"来看待林肯。

苏厄德更是愤愤不平，他一直认为自己才应该是真正的总统，如果不是意外，如果不是有人捣乱，这个职位怎么可能落在这个西部小镇出来的律师身上呢？

苏厄德觉得，自己有二十年的从政经验，而林肯不过是塞勒姆小杂货铺的店掌柜，丝毫不懂政治。可是现在，林肯在白宫中坐第一把交椅，整天浑浑噩噩，任由国事沉浮，一点主意也拿不出，实在是令人气愤。

苏厄德觉得，事实上也确实有很多人跟他一样，觉得林肯之所以让苏厄德做国务卿，就是想要让他帮忙治理这个国家，而林肯自己，不过是个什么也不懂的傀儡而已。大家叫苏厄德总理，苏厄德很高兴，他觉得拯救美国的重任就在自己肩上，也只在自己肩上。

在接受任命的时候，他说："我会尽我所能维护自由，拯救国家。"

林肯到职还不到五周的时候，苏厄德在给他的文件开头说："我们已经当政一个月了，却丝毫没有内政外交上的政绩可言。"接着，便以一种居高临下的口气，批评这位来自小镇的杂货铺店员，教他如何去治理政府。最后，苏厄德竟然建议林肯从此退居幕后，让他掌权，以免国家坠入深渊。

让林肯吃惊的是，有时候苏厄德的建议显得相当疯狂。苏厄德十分看不惯当时法国和西班牙在墨西哥的表现，觉得他们太过霸道。于是他建议召集这两个国家，让他们给出一个解释。另外，他对英国和俄国的做派也十分不满，也想让他们给出解释，他还认为，如果这两个国家给出的解释不能让自己满意，那么完全可以跟他们开战。

更让人吃惊的是，他真的给英国写了一份通告，措辞非常傲慢，字里行间充满了警告、威胁和侮辱的意味。如果不是林肯将其中糟糕的段落删掉，又把一些句子改得口气缓和些，也许真的会因此而发战争。

苏厄德还说，他希望看到一个欧洲国家能够干涉美国的内政，去支持南卡罗来纳，因为这样的话，北方各州将会更加团结，会猛攻外国势力，而且南方各州也会协助他们攻打来自外国的敌人。

林肯完全被苏厄德的某些癫狂主意给震惊了。从政伊始，林肯觉得自己应付眼前的大局经验有些不足，他觉得自己需要帮助，也需要指引，因此才任命苏厄德为国务卿，希望对方能够帮助自己，也希望能够跟对方学习些经验。可结果是，对方不打算指导他，而要指挥他。

整个华府，人们都说实际上掌权的是苏厄德，这极大地触动了林肯太太的自尊心，激起了她的怒火。她满眼凶光，不断催促自己那老实谦卑的丈夫给对方以反击。

面对妻子的指责，林肯回应说："我也许不善于管理自己，但苏厄德绝对管理不了我。唯一能够统治我的，只有我的良心和上帝，人们总有一天会明白这一点。"

萨蒙·蔡司是内阁中的耀眼人物，他相貌英俊，身材高大，一副天生的领袖相。他有教养，有知识，且精通三国文字，他的女儿在华盛顿社交圈中最是迷人，也最受欢迎。坦白说，当他看到白宫的主人居然不懂得如何点菜的时候，相当吃惊。

蔡司是一个虔诚的教徒，每周都必须三次前往教堂，做最虔诚的礼拜。他将《圣经》摆在床头，还将"我们信任上帝"这句格言刻在美国的货币上。他完全想不通，一个总统就寝前看的书竟然是阿迪莫斯·沃德或托林·纳斯比的作品。

不管何时何地，林肯都能够展示出自己的幽默，这点却是让蔡司尤其生气的地方。

有一天，林肯的一个老朋友来拜访他，结果走到大门口的时候，被门卫给拦住了，跟他说，总统现在在主持内阁会议，没时间见客。

那人毫不在意地回答："这有什么，你告诉他，奥兰多·凯洛格来了，想要给他讲一个非常有趣的故事，他保准会出来见我。"

门卫跟林肯如实说了之后，林肯果然立刻让门卫请他进来，并热烈地跟他握手，然后转身对内阁成员们说："先生们，这是我的老朋友奥兰多·凯洛格，他要给我们讲一个很好玩的故事。这故事特别好笑，我们先把手头上的工作停一下，听他讲完。"

于是，整个国家中最有地位最有权势的一群人只好放下国事，等着奥兰多把故事讲完。那故事将林肯逗得开怀大笑，却把蔡司弄得火冒三丈。他抱怨说，林肯"拿战争当玩笑"，正在引领这个国家走向"崩溃的边缘"。

此时的蔡司，内心就像一个参加女生联谊会但并没有引起众人任何注意的小女孩：憎恶别人走运，哀婉自己不幸。他本来想担任国务卿，可是那个职位落在了令人讨厌的高傲的苏厄德手里，而自己，仅仅是一个财政部长，他感到十分不平。

现在，他坐在第三把交椅上，但他一直想让大家看看，到底谁更厉害。很快，机会就来了。马上就是1864年，又要开始总统选举了。蔡司觉得自己这次一定要凭借实力入主白宫。他一心想着这事，将所有的精力都放在了上面，用林肯的话说，"蔡司对总统的位置有一种近似疯狂的迷恋"。

在林肯面前，蔡司总假装自己是对方的朋友，可一旦离开林肯的视线，蔡司就将林肯当成自己最大的敌人。林肯经常会做出一些让权势人物感到讨厌的决定，这时候，蔡司会马上去找那些人，向他们表示同情，并声明他们是对的，从而加深他们对林肯的厌恶。同时，蔡司还会向对方保证，如果自己当权，一定会让对方得到更好的待遇。

林肯说："蔡司就像一个苍蝇，每一个腐烂的地方都有他的身影。"对于蔡司所做的一切，林肯早已了然于胸，但他性格仁厚，从不将这些放在心上。他说："蔡司很能干，但我觉得在竞选总统这件事上，他做得有些过了。最近他的行为有些不检点，很多人曾跟我说'应该把他挤出去'，但我这样想，我不想让任何一个人离开，如果有人能够把某一件事情做好，我就会让他去做。因此，只要蔡司当好这个财政部长，我就不会计较其他。"

可是，事情变得越来越严重了。只要稍有一丝不顺心，蔡司就会提出辞职。他前后一共提出过五次，每一次，林肯都挽留他，赞美他，劝他留下。可是，即使是以坚忍著称的林肯，最后也受不了了。两个人已经相互生了反感，见面后也显得尴尬。因此，当蔡司再一次提出要辞职的时候，林肯批准了。

蔡司吃了一惊，他本是不想辞职的，只不过想用这个来威胁一下林肯，可没想到对方竟然真的同意了。这个消息传开之后，很多议员赶往白宫，进行抗议，他们说，蔡司的离去将是一个悲剧，会导致很严重的问题。林肯静静地听完他们的各种理由，然后给他们叙述了自己跟蔡司交往的种种痛苦经历，并告诉他们，蔡司的目的就是掌权。

林肯说："他要么就是想惹怒我，要么就是想让我拍着他的肩膀求他留下来。我觉得，我没必要那么做。我认为他的请辞是非常认真的，我也觉得白宫现在不需要他。你们以后不要再提这件事了，我宁愿辞去总统的职务，回小镇当我的律师，也不想再忍受目前的这种工作环境。"

不过，对这个曾经羞辱过自己的男人，林肯是如何评价的呢？他说："在我所认识的大人物当中，蔡司是其中的佼佼者。"

尽管并不喜欢对方，但林肯还是用了最宽容的态度来对待对方。为了蔡司，他行使了一次总统的最高权力，让蔡司当了美国最高法院的审判长。

不过，跟暴躁的斯坦顿相比，蔡司称得上是一只温顺的羔羊。斯坦顿身材矮胖，像个圆球，却犹如动物般凶猛。而且，他还做出过很多让常人无法理解的事情。

他曾在一家书店打工，住在租来的房子里。有一天，他刚出门不久，房东的女儿就得霍乱死了。等晚上斯坦顿回来的时候，房东的女儿已经下葬了。斯坦顿不相信这个事实，觉得房东的女儿有可能被活埋了。于是他找来一把铲子，掘开了房东女儿的坟墓，直到亲眼看到尸体方才罢休。

几年后，他的女儿露西去世了，他伤心绝望，在女儿下葬十三个月后，他又把她的尸体挖了出来，在自己的卧室里摆了一年多。他的太太去世后，他每晚都将亡妻的睡衣和睡帽摆在床上，与其共眠，有时候还会对着衣物垂泪。

他的举止往往让人难以理解，有人说他似乎已经半疯了。

林肯和斯坦顿是在处理一个案子的时候认识的，当时他们俩和来自费城的另一个律师共同受雇为被告的律师。林肯对案件进行了仔细的研究，得出了很多心得，可斯坦顿和另一个律师根本瞧不起林肯，完全不给林肯说话的机会。

当林肯将自己准备好的稿件交给他们时，他们却觉得那是一文不值的东西，看都没看一眼就走了。去法院的时候，他们不跟林肯同行，也不邀请林肯到自己的房间，甚至不跟林肯在一个桌子上吃饭。

斯坦顿曾当着林肯的面说，自己不会跟一个笨拙的长臂猿交往，如果自己不能跟一个外表像绅士的人一起办案，那么他宁愿放弃办案。

林肯曾说："从来没有一个人像斯坦顿那样残忍地对待我。"他深深地感到屈辱，并因此而陷入忧郁。林肯当选总统之后，斯坦顿不但没有对林肯示好，反而更加讨厌他了。他将林肯称作让人"讨厌的笨蛋"，说他没有能力管理政府，应该让他滚蛋。甚至，斯坦顿曾多次说："杜·谢吕（美国生物学家）跑到遥远的非洲去寻找大猩猩简直就是笨到家了，真正的大猩猩这会儿正在白宫里挠痒痒呢。"

在给布坎南的信中，斯坦顿对林肯的攻击更是恶毒，所用的词汇简直不堪入目。

林肯上任十个月的时候和战争部长西蒙·卡梅伦之间产生了矛盾，他们在武装奴隶这一问题上产生了很深的分歧。

最后，林肯要求卡梅伦辞职。这就意味着，林肯必须寻找一个合适的人选来担任这一职位。事实上，他早就已经决定了人选。关于这件事，他跟一个朋友说："我决定放下个人的尊严，让斯坦顿来担任战争部长。"事实证明，林肯的这个决定是相当正确的。

斯坦顿上任之后，在战争部掀起了一阵旋风。对那些爱管闲事的家伙，斯坦顿给他们的总是一顿臭骂。对不守信誉的承包商，他则毫不留情地反击，并追讨其相关责任……

斯坦顿连年头痛，还有哮喘，消化上也有问题，但他就像一台发动机，永远有用不完的力气，根本不将这些病痛当回事。他的目的跟林肯一样，只想让南方回到联邦的怀抱。

这也是林肯的梦想，为了这个梦想，林肯可以忍受一切。

有一天，一个国会议员劝说林肯下令，调动某些兵团。那个议员征得他的同意之后，跑到战争部，将林肯签发的调令放在了斯坦顿的桌子上。没想到，斯坦顿厉声说自己不同意。议员抗议说："这是总统的命令。"斯坦顿反驳道:"如果总统真的下达了这样的命令,那么只能说明他是一个白痴。"

议员马上回去将这件事报告给林肯,他觉得林肯定会将斯坦顿革职,可是他怎么也没想到,林肯静静地听完他的汇报后,说道:"如果斯坦顿说我是白痴,那我就一定是了,他通常都是对的,我这就去找他。"

林肯到了战争部,斯坦顿立即当场指出了他的错误之处,于是,林肯收回了那道命令。

林肯意识到,斯坦顿不喜欢被人干扰,因此以后便尽量让他自己放开手去做。林肯说:"我不能给斯坦顿添麻烦,因为他的工作是世界上最困难的。成千上万的军官因为得不到提升而怪罪他,又有成千上万的士兵因为没有被委任要职而责备他。他承受的压力太大了,就像大海上的磐石,不断经受着大浪的拍打。我不知道他是怎么挺过来的,我只知道,没有他,我准会完蛋。"

不过,林肯有时候也会坚持自己的立场。就比如,如果斯坦顿跟他说自己不想干下去了,林肯就会很坚决地跟他说:"部长先生,我觉得,你非做不可。"结果当然是斯坦顿乖乖回去做事了。

有一次,林肯写信给斯坦顿,让他将某个职位给某一人,在信中,林肯写道:"不管他是否知道,恺撒的头发是什么颜色,都要将这个职位给他。"

经过这许多事情之后,之前轻视林肯的人,包括斯坦顿和苏厄德在内,都开始明白了林肯的伟大,都开始尊敬他了。林肯弥留之际,以前说他是让人"讨厌的白痴"的铁汉斯坦顿说:"这里躺着的,是有史以来最优秀的统治者。"

约翰是林肯的秘书,他曾经描写过林肯在白宫工作时的情形:

他工作起来毫无章法,尼古拉和我用了四年的时间,才让他意识到应该遵循一些规则,可还是有很多规则刚刚定下来,就被他破坏掉了。尽管民众们总是提出一些让人哭笑不得的要求，有的甚至将他气得半死，但他还是阻止一切想要阻断他跟民众来往的所谓规定。

他很少写信，对于数量庞大的来信也很少看，起初，我们尽量将信交给他，让他看，可是后来，他却将这件事交给了我们，他只是在信上签上自己的名字，回复的内容完全交给我们去拟定。

他自己一周最多也就写六封信，很少会超过这个数。如果是华盛顿以外的麻烦事需要处理，他就会将问题交给我们，让我们写信跟那边来回商讨。他自己是从来不写的。

他平时在十点到十一点之间便就寝了，不过起床很早。他住在乡下的士兵营房的时候，每天都是八点左右就骑着马到华盛顿来了。他的早饭很简朴，通常只有一个鸡蛋，一片烤面包和一杯咖啡。冬天，他会住在白宫，起床就没那么早了，不过也是早早醒来，不过是在床上多躺一会儿罢了。

他的午餐也很简单，通常只是一块饼，冬天的时候会外加一杯牛奶，夏天的时候往往就是饼和一些水果。在饮食方面，他相当节俭，在我认识的男人中，他算是饭量最小的一个。

除了水，他不喜欢喝任何饮料。

有时候，他会跑去听一场演讲，或者一场音乐会，或者看一场戏剧表演，为的只是稍微休息一下。

他很少看书读报，除非我叫他特别注意某一篇文章，他几乎从来都不会翻动报纸。他常说："这事我比他们清楚得多。"人们常觉得他谦虚，这是不实的。伟人从来都不谦虚。

解放黑奴运动

如今，随便找一个美国人问他南北战争发生的原因是什么，他都可能回答是为了解放黑奴。可是真的如此吗？

我们先来看看下面这句话，这是林肯在第一次就职演说上说的："我无意干涉现有的奴隶制度。我觉得我无权这么做，也不想这么做。"

事实上，当大炮轰鸣，伤亡者呻吟了十八个月之后，林肯才签发了《解放黑奴宣言》。在此期间，废奴主义者一直在催促他，他们在报纸上抨击林肯，在公开演说中指责林肯。

有一次一个来自芝加哥的牧师代表团来到白宫，宣称神圣的上帝要求马上释放奴隶们。可林肯对他们说："如果上帝给我忠告，那么一定会直接送到司令部，而不是绕道芝加哥，然后让你们传达给我。"

后来，格里利忍受不了林肯的拖延，愤怒地写了一篇名为《二千万人民的祈祷》的文章，抨击林肯在废奴这件事上的不作为，文章中充满责问。林肯对格里利的回答堪称经典，尤其是结尾之处，颇令人回味：

这场战斗的最高目标是拯救联邦，而不是保全或者摧毁奴隶制。如果不解放任何一个奴隶，就可以拯救联邦，那么我就不救。如果要解放所有的奴隶才能拯救联邦，那我就救。如果解放一部分，不解放一部分才能救联邦，那我就解放那一部分。如果我对奴隶制度和有色人种采取了某些措施，肯定是因为我觉得这样做对拯救联邦有利。我在某些地方容忍，是因为我觉得这些对拯救联邦有利。如果我认为某些作为会伤害这个目标，那我就会少做一点。错误一旦形成，我便会去改正。正确的观点一旦出现，我也会马上采纳。

我是站在公职的立场上发言的，我个人常说"愿天下人都自由"，我不会改变这个愿望。

林肯认为，如果他在保全联邦的同时抑制住奴隶制度的蔓延，那么总有一天奴隶制度会消失，但是，一旦整个联邦被破坏了，那么奴隶制度至少会再延续几百年。

有四个蓄奴州是站在北方立场上的，林肯认为，过早地发布

《解放黑奴宣言》，那么结果只能是将这四个州推向南方联盟军，徒增对手的力量，迫使国家走向分裂。当时，国内有这样一种说法："林肯希望上帝站在他这边，但他也希望不要失去肯塔基。"

林肯一直在等待时机。林肯认为，奴隶制度在美国发生，南方和北方都有责任，想要让它消失，只有靠大家一起努力，每个人都要负起自己的责任来。基于这一观点，林肯提出了一个计划。每个奴隶主释放一名奴隶，政府就给他四百美元的补偿。这样，奴隶就会慢慢地被释放，他将每个州的州长召集到白宫，希望他们能够同意自己的这个计划。但是，他的计划被否定了，林肯对此很是失望。

他说："我一定要保全这个政府，我可以告诉你们，为了这一目标，我不惜使用任何手段。我们现在只有两个选择，要么废除奴隶制度，要么看着国家四分五裂。"

此时，林肯已经没有时间再做其他选择了，因为英国和法国马上就要承认南方联盟的地位了。他们为什么要这么做呢？

先看法国。拿破仑三世希望如同自己的叔叔拿破仑·波拿巴那样，成为举世闻名的人物。看见美国南北之间互相争斗，他马上意识到，这个国家已经没有闲暇维护"门罗主义"原则了。于是，他带领一支军队，征服了整个墨西哥，把墨西哥变成了自己的一个属国。

拿破仑三世认为，如果美国的北方军队取得最后的胜利，那么他们一定会采取行动，将自己赶出墨西哥，所以他希望南方军队能够获得胜利，因此想要尽可能地帮助他们。

战争刚开始的时候，北方海军封锁了一切的南方港口，建立了一个空前强大的海上封锁线。这条封锁线让南方联盟彻底绝望了，因为船不能出海，他们就无法卖掉棉花，也无法买到枪炮、子弹、药品、衣物和食物等。

南方联邦买不到新设备，无法维修铁路，导致整个运输系统几乎瘫痪。在佐治亚州，一桶谷物只要两美元，但在里士满则要十五美元。在整个弗吉尼亚，人们都在挨饿。

这时候，拿破仑三世开出条件。他用自己的舰队帮南方联盟打破封锁线，而南方联盟要免费送给他价值一千两百万美元的棉花。此外，他们还签署了大批的订单，以保证法国的工厂能够有足够的原料。

于是，拿破仑二世开始游说英国，让他们跟自己一道，承认南方联盟。英国的贵族们听了拿破仑二世的鼓动之后，马上就决定加入。因为这些年，美国越来越富裕，也越来越强大，他们早就看不顺眼了。如今有一个机会能够让美国分裂，自然不能错过。另外，他们也很需要美国南部盛产的棉花。而想得到棉花，自然就要跟法国联合，一起承认南方联盟的合法性，帮助他们打破南方海上封锁线。

如果这样，将会是什么结果呢？南方联盟会得到枪炮、弹药、贷款、食物以及铁路设备，他们的士气会大增。而北方联邦军呢？除了两个强大的敌国，任何都得不到。

这一点，林肯看得很明白，他知道想要阻止英国和法国，必须有一个合适的理由。这个理由必须是超越国家利益的，能够引起人类普遍关注的。

在欧洲，差不多有一百万人看过《汤姆叔叔的小屋》这部小说，他们含着泪水，阅读了奴隶们的惨痛生活，了解到了奴隶制度的罪恶，从而产生了对这种制度的深深的痛恨。林肯认为如果自己签署了《解放黑奴宣言》，那么一定能够让欧洲人从另一个角度来看待这场战争，从而反对这场与他们毫不相干，且没有任何正义性的战争。如此一来，欧洲各国政府也就不敢贸然承认南方联盟的合法性了。

所以，在1862年的时候，林肯决定发布宣言。可是当时麦克莱伦和波普相继吃了败仗，苏厄德建议林肯，现在签发并不是好时机，应该等到政府军取得胜利的时候再发布。

林肯觉得苏厄德的建议很有道理，因此就暂时停下了。不过没多久，时机到了。两个月后，前方传来了胜利的消息。林肯召集内阁成员，开始商讨签发《独立宣言》之后最有影响力的文件。

这是一件异常严肃的事情，但当时的林肯并没有郑重其事地对待它。林肯有一个习惯，不管是什么场合，只要他有好玩的故事，一定要跟大家分享。在内阁讨论《解放黑奴宣言》的前一天，林肯在一本书中看到了一个自己认为非常有趣的故事，于是，在开会之前，他便拿来跟大家分享。

众人笑够了之后，林肯才将书放到一边，一本正经地讨论了起来。林肯早已写完了文稿，并给众人看过了，他问众人，有没有要修改的地方。

苏厄德建议有一个地方的措辞最好做一个小小的调整，几分钟之后，苏厄德又提出另一个地方的一个措辞也需要修改一下。

这时，林肯问苏厄德为什么没有将两个建议同时提出来，接着，林肯就终止了讨论，给大家讲了一个故事。他说一个长工告诉自己的雇主，一头小公牛死了。过了一会儿，长工又说，另一头小公牛也死了。

"那你为什么不直接说两头小公牛都死了呢？"雇主问。

"我不想在同一时间内告诉您太多让您伤心的消息。"长工回答。

林肯于1862年9月向内阁提交宣言的草稿，可是直到1863年1月，宣言才正式生效。12月，国会开会的时候，林肯呼吁他们支持自己，讲了一句非常伟大的话："对于这世上最好的、最后的希望，我们要么神圣地拯救她，要么卑微地失去她。"

1863年元旦，林肯用了好几个小时，跟来到白宫的访客们握手。下午，他回到办公室准备签署宣言，可是犹豫片刻后他停下了，转身对苏厄德说："如果奴隶制没有错的话，那么天下就没有错事了，我觉得这是我一生做的最正确的事。不过我从上午九点就开始接见访客，跟他们握手，现在手臂有些酸。我要歇一歇，因为这次的签名是要经过考证的，我不想让他们从我的字迹中看出我的手在颤抖。那样的话，他们会说'他有些后悔'。"

说完，他让手臂歇了一会儿，才慢慢签上了自己的名字，让三百五十万黑奴获得了自由。

当时,宣言并没有引起太大的反响。林肯的朋友奥威尔·布朗宁曾说:"它唯一的影响就是激怒了南方人,让他们变得更加团结了,同时也让北方人之间出现了分裂。"

军中开始有人叛变,很多人觉得,他们不是为了黑人来打仗的,也不想让黑人和白人有同样的地位。

林肯曾无比信赖的平民百姓也让他遭遇了彻底的失败。秋季选举的时候,林肯彻底失败了,甚至在他的家乡伊利诺伊州,人们也将共和党抛弃了。

就在选举遭遇失败的同时,战场上也传来了不利消息。伯恩赛德鲁莽进攻,被李将军打败,损失了一万三千多人。

人民的绝望达到了顶点,林肯受到强烈的指责,他败了,他的将军也败了,他的政策更是失败的,人们再也无法忍受了。参议员里的共和党人纷纷表态,要林肯滚出白宫,要求解散内阁,改变政策。

这是令人屈辱的打击,林肯承认,这是他政治生涯中最伤心的时刻。

林肯说:"他们要赶我走,而我几乎就想顺应他们的要求了。"

现在,格里利也开始后悔当初强迫共和党提名林肯了,他说:"这是一个错误,我一生中犯下的最大的错误。"

格里利和共和党中的一些权势人物发起了一场运动,逼林肯辞职,让副总统哈姆林入主白宫,并逼迫哈姆林任命罗斯克兰斯为联军总司令。

林肯承认:"现在,我正处于毁灭的边缘,如果连上帝都反对我,那么我将看不到任何的光亮。"

"失败"的经典演说

1863年春天，经过一系列胜利之后，李将军决定对北方发起总攻。他计划占领宾夕法尼亚，如果有可能的话再拿下华盛顿，逼迫法国和英国承认南方联盟。

这是一个十分大胆也非常冒险的举动，不过南方军团充满信心，他们甚至认为，一个南方人可以干掉三个北方人，因此大家都觉得这个计划完全没有任何难于操作的地方。当长官告诉士兵们，到宾夕法尼亚之后，每个人都可以一天吃两顿牛排的时候，士兵们已经有些迫不及待了。

不久，李将军就带着七万五千士兵向北方进发了。他们把波托马克军队打得落花流水，一时间，举国陷入恐慌之中。农民赶着马车，带着牲口逃出坎伯兰山谷；黑人则吓得眼睛翻白，惊慌逃窜，生怕被抓到而沦为奴隶。

南方联盟军的大炮已在哈里斯堡前隆隆作响，忽然，李将军得到一个消息，联邦军想要从后面切断他的补给线。李将军暴跳如雷，就像一头愤怒的公牛要掉转身来猛抵跟在他后面的小狗一样，带着军队向后方杀去。最后，公牛和小狗在宾州一个叫葛底斯堡的小村庄相遇，并上演了美国历史上最著名的一次战役。

战斗开始的两天前，联邦军损失了将近两万人。第三天的时候，李将军希望乔治·皮科特能够给自己一些增援，以便乘胜一举消灭联邦军。这是李将军的新战略，在这之前，他都是率领自己的军队躲在树林里向敌人发起进攻的。这次，李将军要走到敌人的面前，公开进行攻打了。对于李将军的这一决定，他的助手朗斯特里特将军有些担忧。

朗斯特里特将军觉得，这种打法有很大的问题，首先如果直接攻击对方，就要穿过两军之间的重重障碍，要越过高山，还要穿过敌人的防御工事，更重要的是，己方更多的是步兵，而对方以炮兵为主。如果用步兵直接冲向炮兵的阵地，那么中间要付出多大的代价是不难想象的，以他们现在的兵力，绝对做不到这点。

可是李将军很坚决，他说如果领导得法，就没有不可以去的地方，也没有做不成的事情。就这样，李将军因为自己的坚持，犯下了人生中最大的错误。

朗斯特里特将军的判断是正确的，可是他无法说服自己的主帅，他低头流泪，不想执行这个命令。结果，另一位将军取代了他的位置，朗斯特里特将军将自己的军队交给了新来的皮科特。结果，皮科特领导自己的军队，打了一场有史以来最大的败仗。

皮科特带着自己的队伍穿过果园和玉米地，穿过草地，又越过山谷，一路精进，所向披靡，没有遇到强有力的阻碍。可是，突然间，隐藏在山谷中的联盟军队站了出来，接二连三地向他们发起了攻击。顿时，整个山顶变成火海、屠场。几分钟后，皮科特手下的指挥官就只剩一个了，他带领的五千多名士兵损失了将近五分之四。

就这样，皮科特将军那英雄式的进攻走到了尽头。这标志着，一直以胜利者姿态出现的李将军如今输了，他终于明白，自己无法攻入北方，南军也必将会失败。

皮科特的残兵挣扎着奔回了自己的大本营，李将军骑着大马去迎接他们，给他们打气，他以严肃的口气自责道："是我的责任，是我让战争走向了失败。"

7月4日的晚上，李将军的部队开始撤退。当时天正下着大雨，他们到达波托马克河的时候，河里水位暴涨，根本无法通过。

前有大河，后有追兵，李将军彻底陷入困境。此时，林肯很高兴，他相信，联邦军肯定会从李将军的侧翼和后方同时进攻，到那时，联盟军将取得全面的胜利，这场战争也将结束。如果格兰特在场的话，林肯的这一想法可能会成为现实，可是偏偏他不在。在的是米德，一个学究味十足，且极度爱慕虚荣的家伙。跟格兰特比起来，他最缺少的就是勇敢。整整一个星期，林肯每天都发电报催他进攻，可他就是不想作战，总是犹犹豫豫。很快，大水退去，李将军逃走了。

林肯失望到了极点，他坐下来给米德写了一封信，内容如下："亲爱的将军，我觉得你可能还不了解李将军逃脱是多大的不幸。他本来已经在我们的掌握之中了，如果我们突击他，就可以将他消灭，从而结束战争。但现在，战争还将持续下去。上周一，你没有伏击他，等他到了河对面重振军队之后，你还有希望打赢他吗？现在，如果我指望你能取得更多的战果，似乎有些不切实际，因为你已经错过了最好的机会。为此，我感到很痛心。"

写完信后，林肯两眼茫然地望着窗外，心中暗自沉思。他想："如果我是米德，脾气也跟他差不多，又听了许多来自懦弱的下属的忠告，那么，我会怎么做呢？恐怕也会跟他做一样的选择吧！"

最后，那封信没有被寄出，米德也从未看到过，直到后来林肯去世，人们才从成堆的文件中发现了它。

当时正是7月，正是天气炎热的时候，战场上留下了六千多具尸体。很快，尸体就开始腐烂，发出难闻的味道。他们没有足够的时间挖坟坑，因此很多尸体只是被简单地盖上一层土埋葬了。第二年秋天的时候，治丧委员会决定为这些死去的烈士们举行一个神圣的送葬仪式，并邀请了当时美国最著名的演说家爱德华·艾弗里特前来为烈士们致悼词。

总统、内阁成员、米德将军、参众两院的议员、德高望重的平民以及外交使节的团员等都收到了邀请，却没有几个人来。

委员会没想到林肯也会参加。因为他们并没有直接给他送信，只是给了他一份统一的印刷文稿。他们一直以为，这种形式的邀请肯定不会到达他手里，秘书看了之后就会直接扔进垃圾桶。

所以，他们接到消息说总统也要参加时，非常吃惊，甚至有些忐忑。该怎么办呢？让他发言吗？可是有人说总统太忙，没时间准备演讲稿。另外，还有人说："还是算了吧，就算他有时间，可是他有那个能力吗？"

确实，林肯是一个出色的演说家，可以发表很优秀的竞选演说，但葬礼上的演讲跟竞职演说是完全不同的，林肯的演说风格跟葬礼确实有些不符。最后，组委会给林肯去了封信，信上说艾弗里特先生将会在仪式上发表演说，也希望总统能够适当地讲几句话。他们就是这么说的，"适当讲几句话"。

这样的信函简直就是侮辱，不过林肯并没有生气。为什么？其中还有一段故事。

去年秋天，林肯曾去过战场。有一天，他和自己的老朋友拉蒙外出，他要求拉蒙唱《伤心小调》，那是林肯最喜欢的歌曲。

拉蒙说："当初我们巡回办案的时候，总会唱起这首歌，好多次，我都看见林肯眼含泪光。"

这首歌是这样的：

汤姆，我流浪到了村口，

坐在了学校操场的树底下，

寻找我们儿时玩耍的地方，

可是，汤姆，谁也没来问候我，

二十几年前，和我们一同玩耍的伙伴，

如今已经没有几个了。

汤姆，在小溪边，榆树上，我曾经刻下你的名字，

然后是你情人的名字，

而你也做了同样的事。

可是，一些狠心的家伙剥去了树皮，

树慢慢枯萎而死，

就像二十年前被你刻下名字的那个人一样。

汤姆，我的泪水早已流干，
可这会儿居然又再次浮现在眼眶，
我想起了我那心爱的她，
那是一份过早结束的缘，
我去了那个墓地，
将鲜花放在墓前，
那里面，躺着我们二十年前各自爱过的情人。

或许，每次听到这首歌，林肯都会想起自己曾深爱过的安，因为只有那些苦痛的回忆，才会让他落泪。

这首伤心小调跟黑人没有任何关系，唱这首歌也没有任何的恶意，可是，这件事被林肯的政敌歪曲了。他们说林肯这么做是下作和粗俗的，在满是烈士尸体的战场，他竟然哼起了小调。报纸上反复报道这件事，纷纷谴责林肯没有良心。

事实上，林肯根本没有将这个当成玩笑，但那些人不理会这些，他们要的，只是林肯被攻击。

这件事让林肯很难受，但他又不想回应，因为他明白，回应就落入了那些人的圈套。所以，他忍了下来。现在林肯觉得自己反击的时刻到了，他不会正面回应那些人，但是可以利用这个机会，向死者表示自己的悲痛，让人们看到，他并不是一个拿烈士们不当回事的人。因此，即使那封信很不礼貌，他还是答应了。

由于信函送来得太晚，林肯没有足够的时间准备演讲稿，他只能抽空思考到时候如何演说。直到演说前的那个星期天，林肯说："讲稿我重新写了两三次，可还是不满意，我要再改一遍才可以。"

直到送葬仪式前一天的晚上，林肯还在改他的演讲稿，改完后，他去找苏厄德，读给他听，让他帮忙提出意见。第二天清早，吃完早饭后，林肯还在斟酌演说的内容，直到有人来敲门，他才想起，自己应该去会场了。

大会开始了，起初林肯坐得很直，可是不久，他的身子就倾斜了，脑袋垂在胸口，他陷入深思，正在想自己的演讲稿哪里还需要再修改一下。

特别请来的演说家艾弗里特犯了两个严重的错误：第一个是他迟到了，而且迟到了一个小时，第二是他的讲话超时了，他讲了将近两个小时。

林肯之前看过艾弗里特的演讲稿，所以，当他讲到最后的时候，林肯知道，自己马上就要上场了。可他觉得自己准备得还不够充分，于是开始紧张，甚至有些坐立不安。他戴上眼镜，拿出手稿，又迅速地温习了一遍。不一会儿，他就拿着手稿上场了，不过他的演说只进行了两分钟。

之所以会这么短，是因为林肯忘词了。没错，忘词了。

走下台后，林肯的头就开始疼了起来。在回华盛顿的火车上，他躺在特别车厢里，不停地用冷水浇头，以减轻疼痛。

林肯觉得自己仿佛走进了坟墓，因为他坚信，自己这次彻底失败了，而且败得一塌糊涂。确实，就当时的演说效果来讲，林肯确实败得很惨。

林肯生性谦虚而又随和，他觉得人们或许不太会在意当时说过的话，而是会牢牢记住那些死去的英烈。如果林肯现在复活，那么他发现其最受人称道的演说竟然是自己觉得最失败的在葛底斯堡的那次演说，不知到他会吃惊道什么程度。他如果发现当时自己说的十个名句，在南北战争已经被人们遗忘之后，仍然被传诵着，他一定会很惊讶。

事实上，林肯在葛底斯堡所作的不仅仅是一次演说，更是其内心良善的外在折射，是他在无意识中写就的精美的散文诗。

87年前，我们的祖先在这块大陆上成立了一个新的国家，她从自由中孕育，奉行人生平等的规则。

如今，我们正在经历一场内战，考验这个国家，或者说考验任何一个以自由为目标而成立的国家。我们所处的地方就是这战争中的一个角落，我们在这里集会，为的就是纪念在战争中死去的亡灵。他们为了这个国家，为了自由，牺牲了。

但是，从广义上来说，我们无法奉献，也无法神化这块土地。因为真正能够让这土地神圣化的，是那些死去的烈士们。我们今天在这里做的事情，说的话，总有一天会被遗忘，但是人们绝对不会忘记这些烈士们。我们这些活着的人，要做的就是将自己奉献给这些勇士，用我们的一切去完成他们未竟的事业。我们要在这里下定最大的决心，让这些勇士们的鲜血不白流。我们要用自己的努力，让国家获得新生，让我们这个民有、民治、民享的政府永世长存。

仁慈的总统

1861年，内战刚刚爆发的时候，一个衣衫破烂的男子，正坐在一间皮革店里抽着烟斗，这个人就是格兰特。

那时候，他很落魄，没有人瞧得起他，也没有人愿意收留他。可是，不管生活怎样对他，这都是一个注定不平凡的男人，他必定要做出一番事业来。

很快，他的机会来了。

这个机会并不明朗。格兰特是一名西点军校的毕业生，在那时候，他这种出身的人，想要进入军队，实在是太容易了。但他虽然负责镇上志愿兵的军训工作，可是军训完毕之后，他并没有被委任为军官，而是成了一个旁观者。他眼睁睁地看着自己训练出来的兵被别人带去打仗了。

没有任何职位的格兰特给战争部写了一封信，述说了自己的整个从军经历，并要求政府给自己一个团长的职位，可是信投出去之后一直没得到回应。最后，他只能在斯普林菲尔德的陆军长官的办公室里谋得一个闲职，干些小女孩都能做的工作。

不久之后，格兰特的机会才真正到来。当时，伊利诺伊州的第二十一军团纪律散漫，士兵不听从管教，还将古德老将军赶出了军营。耶茨州长正为此事头疼。

州长本来不看好格兰特，可是身边没有其他合适的人选，而这个人恰好又上过西点军校，耶茨就将这支部队交给了他。

这时，格兰特充分地表现出了自己的才能，没多久就将这支部队训练得井井有条。

这之后不久，又一个机会从天而降。那时，战争部正准备提拔一名优秀的将领担任陆军准将。当时，来自伊利诺伊州东北部的伊莱休·沃什博恩刚刚进入国会。这个人极具野心，一直想用优异的成绩向家乡的父老汇报，因此在国会中总是抢着出风头。听到这件事后，沃什博恩自然不会放过，他给战争部提建议，这个人选必须在自己的家乡产生，战争部同意了他的提议，开始在伊利诺伊州寻找合适的人员。可是，到底该选谁呢？最后人们发现，在伊利诺伊州，只有一个西点军校的毕业生，就是格兰特，因此这个职位就落在了他的头上。

格兰特受命的时候，正是战争最紧张的时刻。他接到任命后，马上就带兵出发了。他提议，部队挺进田纳西州，直达多纳尔森要塞，因为那里是敌方的必经之地。可是，他的建议遭到很多人的反对，就连一些军事专家也觉得他这是在胡闹。但格兰特不理会这些，他带着自己的部队直接去了。

结果，格兰特拿下了多纳尔森据点，并俘虏了一万五千敌军。他跟敌人说："我只有一个条件，就是你们立即投降，不要跟我讨价还价，我要你们马上滚蛋。"

多纳尔森据点对南方联盟军有着非凡的意义，它连接着多处地方。现在这里失守，直接导致了南方联盟军的被动。北方联邦军则大举进攻，节节胜利。天平开始向北方倾斜。

格兰特本人因此名声大震，一时间成了英雄人物，人们都觉得，他就是那个可以拯救众生，终结战争的人。此时的格兰特心情特别好，然而他的好心情并没能持续多久，大概三周后，格兰特被解职了。

事情是这样的：格兰特的顶头上司叫作哈勒克，是一个名副其实的"草包饭桶"，人们都称他为"军事白痴"。可是，他自己一直觉得自己很有能力，很了不起。他也曾就读于西点军校，而且是一名助理教授，还写过不少学术著作，涉及多个领域。他还当过铁路局长，银矿的矿长，还是一名出色的律师。而且，哈勒克懂得法语，还曾翻译过很多法文著作。在他看来，自己是一位了不起的学者。

而格兰特呢？不过是一个酒鬼罢了，但这个酒鬼竟然敢违抗自己的命令。在自己觉得攻打多纳尔森要塞的计划并不好的时候，还坚持进攻，结果竟然取得了胜利，这简直就是对自己的轻蔑和侮辱。所有这些，都让哈勒克很不爽，哈勒克想要修理一下这个不听话的家伙，让他知道到底谁才是真正的老大。

哈勒克本来就对格兰特很不满了，而一件事的发生起到了火上浇油的作用。哈勒克连续几天给格兰特发电报，但是并没有得到任何的回应。其实，格兰特是回复了哈勒克的电报的，可是电报线路在多纳尔森战役中被毁坏了，所以哈勒克才没有收到。

哈勒克不明就里，以为是对方看不起自己，因此不给自己回信息，他更加愤怒了。他想，这个暴发户现在觉得自己已经功成名就了，不需要再尊重别人了是吗？那我就给他点颜色看看，让他认清现实吧。

很快，哈勒克软禁了格兰特。

这时候，内战已经持续了一年多，但在内战中唯一帮助联盟军取得胜利的将领，现在竟然被革职了。

不过还好，没过多久，格兰特又被重新起用了。

格兰特充分表现出了自己的军事天分，他虽然接连吃了好几次败仗，但并没有被打倒，终于在八个月后，取得了一场巨大的胜利，俘虏敌军四万人。这一战，几乎摧毁了南方联盟军团。

所有人都认为，胜利在望了。

1864年的5月，格兰特率领十万大军横渡拉皮丹河，他要彻底摧毁李将军的军队，结束这场战争。

可是，仗打得并不顺利。李将军和格兰特将军都是军事天才，他们谁也没有办法在短时间内彻底击溃对方。不过，格兰特选择了一种非常残忍的求胜方式。那就是不停地打，哪怕自己比对方损失惨重，也要打。他认为，消灭李将军的最好方式就是将李将军的士兵一个个杀死，哪怕自己这边牺牲同样数量的士兵也在所不惜。

就这样，战争变成了杀戮，双方都有很多的人牺牲。不过，格兰特的士兵死亡之后，遥远的北方会给他增派援兵，可是李将军不行，南方没有那么多的人手。于是，李将军越来越被动了。

格兰特的日子其实也不好过，他的这种杀戮式的求胜之道，遭到很多人的谴责。当然，更多的时候，这谴责落在了总统林肯的肩上。

此时，不管是在南方还是在北方，人们都在唾骂林肯，甚至有人直接说他是卖国贼、是暴君、是魔鬼、是野兽，林肯的某些宿敌则不断叫嚷着，必须将林肯杀死。有一天晚上，林肯骑马回到"士兵之家"总部的时候遭到暗算，一颗子弹从他的帽檐边穿过。

几个星期之后，人们在宾夕法尼亚州米德维尔地区的一家小旅馆中，发现了这样一张纸条，写着："1864年8月13日，林肯中毒身亡。"此前最后一个住在这间屋子里的是一个演员，名叫约翰·维尔克斯·布斯。

不久前，也就是这年6月，共和党人提名林肯继任。但现在，这些人显然有些后悔，党内的几个有权势的元老劝林肯退出竞选，还有人建议召开一次重大会议，取消林肯的提名，换上另外一个得票数比较多的人。

7月的时候，连林肯的好朋友布朗宁都曾在日记中写道："民众们想要的是一个能干的领袖。"

林肯也觉得自己这次没希望了，便舍弃了连任的念头。他失败了，他手下的将军失败了，他的战略失败了，人们已经彻底对他失去了信心，林肯甚至担心，联盟可能也要瓦解了。

他说："连天空都是灰蒙蒙的，不透一点光亮。"

终于，一些对林肯极度不满的人另开了一次大会，提名约翰·弗莱蒙特为总统候选人。他们的这种做法直接导致民主党变成了两个派别。

如果不是后来弗莱蒙特退出了竞选，那么这次选举，民主党的候选人麦克莱伦一定会取得胜利。即使佛莱蒙特退出了，林肯也不过只比麦克莱伦多出了二十万票而已，这是一个很微小的差距。

形势对林肯越来越不利，但他没有选择，还是要继续干下去。有一次，他说："我希望，有一天我不再掌权时，这世上还会有一位朋友，那个朋友将深藏在我的心中……我不是一定要赢得竞选，但我必须保留真实的自己，我不一定非要成功，但我一定要践行自己的诺言。"

1864年夏天，林肯彻底变了，好像成了另外一个人，他已不再是三年前那个来自草原的巨人，笑容也渐渐少了。他消化不良，两腿总是冷冰冰的，还经常睡不着觉，林肯跟朋友说："我怕是再也快乐不起来了。"

艺术家卡朋特在绘制《解放黑奴宣言》的时候，曾在白宫住过一段时间，他说："在荒原战役的第一周里，总统几乎很少睡觉。有一天，我经过内政部的大厅，看到他穿着睡衣，在那里踱步。他双手在后面，眼窝黝黑，头向前倾，一副极其伤心、焦虑的样子……"

来访者常常看见林肯蜷缩在沙发里，叫他他也不抬头也不应声。林肯曾说："我想，每个来找我的人，在对我指手画脚的时候，都从我身上抢走了一丝生气。"

大家察觉到了林肯的变化，纷纷建议他去放松一下，可林肯说："休息两三个星期对我根本不起作用，我无法放下思绪，甚至都不知道该怎么休息，厌倦早已经扎入了我的骨头，挥之不去了。"

将军们骂他,斯坦顿跟他发脾气,他们觉得林肯太过随和,这样会破坏军纪。可是林肯不喜欢他们那种严酷的作风,也讨厌军队的各种规矩。他喜欢那些志愿军人,因为那些人跟他一样,都来自森林和农场。

如果林肯看到哪个士兵因为胆怯而被判枪毙,他会原谅对方,他会说:"如果我上战场,或许也会弃枪逃亡。"如果有志愿军逃跑,他会说:"我认为就算把他杀了,也挡不住他回家的心。"

他经常会开出长达好几页的特赦名单。

1864年4月5日,林肯收到一名伤心女孩的来信。她说:"经过了长期的内心斗争,我终于决定把我的烦心事告诉你……"

原来,与她订婚多年的男友从军之后,曾获得批准回家选举,之后两个人发生了关系。女孩在信中写道:"如果你不怜悯我,不准他离开军队回来和我完婚,那么,我们就会留下一个非法的孩子……我向上帝祈祷,希望你不要对我的请求置之不理。"

看完信后,林肯久久不能平静,泪眼模糊地望着窗外……

过了一会儿,他回到办公桌前拿起笔,在女孩的信尾写了一句给斯坦顿的批示:"无论如何,都要让他回到她的身边。"

1864年的可怕夏天终于过去,秋风带来了好消息,一个将军攻下了亚特兰大,正在向佐治亚挺进。海军上将带领自己的士兵扼住了墨西哥湾的咽喉,同时,协力登在南多厄山谷也接连赢得胜利。如今,李将军已经不敢露面了,所以格兰特只能向彼得斯堡和里士满发起进攻。

南方联军几乎已经穷途末路了。

各路军团节节胜利,证明林肯的政策是英明、正确的。因此,在当年的11月,林肯顺利当选,连任总统。不过,林肯并没有将连任当作是个人的胜利,他说:"显然,人民认为临阵换将是不吉利的。"

四年的战争,让林肯对南方人的憎恶荡然无存。他不止一次地说过:"不要审判你未曾经历过的事情,如果我们在南方,肯定也会支持奴隶制度。"

1865年2月,南方联军已经到了解体的边缘,两个月后,李将军缴械投降。此时,林肯提议为南方各州拨款四亿美元,用来补充他们废奴之后的损失,但这个提议被内阁否定了,林肯也只好作罢。

3月,林肯发表了第二任就职演说,这次演说,被已故的牛津大学校长称为是"圣贤口中的金玉良言"。

当天,林肯上前一步,吻了吻翻开的圣经,之后就开始了自己的演说:

我们热切地希望,虔诚地祈祷,希望这场战争能够早点结束。让我们放下怨恨,将慈悲之心广布天下。让我们坚持正义,按照上帝的指引行事,让我们竭尽全力,完成我们未竟的事业,去为国家疗伤,去照顾战士和遗孤,让我们用一切力量来守卫人民之间的永久的正义和和平。

两个月之后,人们在斯普林菲尔德,林肯的葬礼上,再一次宣读了这份演讲稿。

事业的胜利与生活的失败

1865年4月2日,李将军的军队点燃城里的棉花和烟草,烧毁军火库,捣毁船厂里已经造了一半的船只。晚上,他们逃出了城。

李将军的军队刚出城,格兰特就带人猛追了上去,从两翼和后面射击南方联盟军,而谢礼登的骑兵则截断了铁路干线,拦截了李将军的补给车。

谢礼登向总部发电报说:"如果进展顺利,李将军马上就会投降了。"

林肯回复道:"加速前进。"

事情进展得很顺利,没多久,李将军就投降了。

那天，格兰特将军和李将军在一个小厅里见了面，商谈停战协议。格兰特像往常一样，穿得邋遢而又散漫，鞋子里满是污泥，腰间连佩剑也没有。他的衣服跟普通士兵的没有区别，只是肩上多了三颗星，算是身份的标志。

李将军则是另一副模样，他穿着亮丽的铠甲，带着精美的佩剑。看上去，李将军就像一个从古画中走出的皇家贵族，而格兰特则像个乡下的农民。格兰特第一次为自己的穿着感到羞愧，他向李将军道歉，说自己穿这样的衣服出席这种场合有些不太合适。

一番交谈之后，两个人写下了协议。协议很温和，没有任何带有侮辱性的条款和附则。而且，协议里也没有任何的复仇字眼。多年来，很多人都在叫嚣，要将李将军和那些曾在西点军校就读过的南方联军将领以卖国罪进行惩处，但是协议里对此完全没有提及。

协议为何如此温和？因为这基本都是林肯事先拟定的。

这场让五十万人失去生命的战争，最终在弗吉尼亚的一个小村庄里得以了结。投降仪式是在一个宁静的春日下午举行的，空气中充满花香。

那天下午，林肯正坐着"女皇"号返回华盛顿。途中，他一直在朗诵莎士比亚的作品。此时，他正读到《麦克白》里的章节：

邓肯躺在坟墓中，

历经生命的狂热之后，

他睡着了。

将他送入地狱的，

不是铁棒，也不是毒药，

而是叛逆。

林肯对这几行诗印象尤其深刻。读完之后，他停了一会儿，双眼望向窗外。

随后，他再次念起了这几行诗。

五天之后，林肯便去世了。

在叙述林肯去世的过程之前，先让我们回顾一下他的生活。就在里士满失守后不久，发生了一件事情，通过这件事，我们可以清楚地看出，林肯默默忍受了二十几年的家庭生活到底是什么样子的。

事情发生在格兰特将军的指挥部附近。当时，将军邀请林肯夫妇去前线附近一起放松一周。林肯自从入主白宫之后，就没有度过假，几乎要累垮了，而且他也特别想躲开那些络绎不绝，整天都纠缠着他的求职者。因此，总统夫妇欣然接受了邀请。

几天之后，总统举行舞会，来参加的自然都是各路达官显贵，其中包括法国大使若弗鲁瓦先生。访客们都想去参观下二十英里外的前沿阵地，因此，舞会的第二天，人们便骑着马出发了，林肯夫人跟格兰特夫人则坐着敞篷马车随行。

当天，格兰特将军的副官也是格兰特的好友亚当·巴多将军担任夫人们的护卫。由于他面向着夫人坐在马车的前排座位上，因此他目睹了那天所发生的一切。后来巴多将军写了一本书叫作《和平时期的格兰特》，在那本书中，他记录了当天的情景。

交谈中，我偶尔提到，前线所有军官的妻子都奉命迁往后方，这些人中，除了查尔斯·格里芬将军的夫人留了下来，其他人都走了，格里芬夫人留下是经过了总统特许的。

林肯太太听了后，马上举起了手，大声说："先生，你什么意思？你是说她曾单独见过总统？你知道吗？我从不准许总统跟其他女人单独见面的。"

我赶紧提出辩解，以免产生误会，可她完全听不进去，反而说："先生，你笑得太暧昧了，我现在必须下车，我要去问问总统，他是不是单独跟这个女人见过面。"

格里芬夫人是华府最有名望，最优雅的女性，她和格兰特夫人私交很好。因此这时候格兰特夫人一直在旁边劝说林肯夫人，可是一点作用也没有。林肯夫人又让我停车，我正犹豫的时候，她突然将手朝我的方向伸过来，抓住了坐在我背后的车夫。最后，格兰特夫人终于说服了她，她答应现在不追究，等所有当事人都聚到一起的时候再来谈这件事情。

晚上，我们回到营地，格兰特夫人特意提醒我们不要再提这件事，至少是我必须保持沉默，而她则只会告诉格兰特将军一个人。可是第二天，我们就不必再遵守誓言了，因为更严重的事情发生了。

第二天早上，我们去北岸的詹姆斯军营参观，那里的部队是由奥德将军指挥的。行程还跟昨天一样，我们先坐蒸汽船，然后男人骑马，林肯夫人跟格兰特夫人坐马车。而我，也继续担任护卫工作，但我提出了一个要求，给我派一个人来，跟我一起担任护卫。于是，霍勒斯·伯特上校来到我的身边。奥德夫人本想离开部队去华盛顿或其他地方的，但她是指挥官的妻子，所以留在了丈夫身边。因为马车上的座位有限，奥德夫人便没有坐马车，而是骑着马跟林肯他们一同前行，在马车的前头走。

林肯夫人知道这件事后，大发雷霆，她大声问："这个女人跟总统并肩骑马是什么意思？她为什么跑到我的前面去了？他以为总统要陪着她吗？"

她越说越激动，格兰特夫人想要安抚她，可没想到她将格兰特夫人也当成了发泄对象。此时，我和伯特只能尽量不使场面失控。当时，我真害怕她跳下马车，跟那些骑马的人大喊大叫。

林肯夫人气愤地问格兰特夫人："我猜，你以为你会入主白宫是吧？"格兰特夫人表现得十分镇定，也十分庄重，她回答自己对现在的身份很满意，没想过其他。可是林肯夫人并不想就此放过对方，她说："哦，如果有机会你一定要去一趟，那里很不错哩！"然后，她又开始骂奥德夫人，格兰特夫人则冒着让总统夫人更生气的危险，为自己的朋友辩护。

争吵和谩骂暂停之后，国务卿的侄子，也是奥德将军的下属小苏厄德少校正好走过来，他想开句玩笑，便说："看，总统的马多风流,硬是要走到奥德太太的身旁。"

这样一来,快要熄灭的怒火被再次点燃了。

林肯夫人大声问道:"你什么意思?"

小苏厄德少校此时才意识到自己的错误,他赶紧放慢速度,让自己的马儿落在后面,以躲开这一劫。

终于,到目的地了,这时,奥德夫人来到马车旁边,跟大家打招呼。可是林肯夫人当着大家的面对她一阵羞辱,还问她跟总统并肩行走到底是什么意思?可怜的奥德夫人眼泪都流出来了。

当晚,总统夫妇在轮船上请大家吃饭,其间,林肯夫人竟然当着大家的面,跟总统说奥德将军的不是,并要求总统将其革职,她说奥德将军根本无法胜任目前的职位,旁边的格兰特将军便为自己的朋友辩护。当然,奥德将军肯定不会因为这个被革职的。

在这次访问中,类似的情况一再上演,林肯夫人好几次当着众人的面,因为格里芬夫人和奥德夫人的出格行为而大肆攻击自己的丈夫。而林肯先生,只能默默走开。

谢尔曼将军当时也在场,他也曾在自己的回忆录中写过当时的事情。

海军上校巴恩斯不仅是目击者,还是受害者。那次旅行的时候,巴恩斯也目睹了整个过程,事后,他跟人说,那次的事情奥德夫人没有任何做错的地方。结果,林肯夫人知道了这件事一直不肯原谅他。几天后,他因公事去见总统,恰好总统夫人和其他一些人也在场。夫人见到他,对着他就是一阵大骂,结果总统在旁边一声也不吭。过了一会儿,总统来到这个倒霉的年轻人身边,拍了拍他的肩膀,说要他拿文件,从而将他带到了另一个房间。后来,上校回忆说,总统没有对当时的事情作任何评价。他不可能批评自己的妻子,不过他还是通过身体的接触——拍对方的肩膀,表达了自己的歉意。

类似这种事情,很多人都提起过,他们都知道,林肯夫人从来不给林肯面子。

莫罗曾写过一本《玛丽·托德·林肯传》，他在里面甚至写道："随便问一个美国人：'林肯太太是个什么样的女人？'他一定会回答你，是一个泼妇、笨蛋、疯子……"

很多人认为，林肯一生中最大的不幸并不是被暗杀，而是娶了玛丽。

当凶手布斯向林肯开枪的时候，林肯并不知道自己哪里受了伤，但是，在二十多年的婚姻中，他却每天都在受伤，且都是伤在心里。

玛丽的一意孤行早已在华盛顿社交界被传为笑柄了。

李将军投降后不久，格兰特夫妇来到华盛顿，参加庆祝仪式。

几天后，总统夫人在剧院举行晚会。当晚，她邀请格兰特夫妇和斯坦顿夫妇去总统的包厢坐坐。斯坦顿夫人接到邀请后，马上就去找格兰特夫人，问是否应该接受这个邀请，她说："如果你也接到了邀请，并决定去，我才会去，如果是我自己，我是无论如何也不会去的。"

格兰特夫人可不想去，她知道，一旦将军进入总统的包厢，观众们肯定会热烈鼓掌以欢迎这位英雄。那时候，林肯夫人一定会因为对方抢了自己的风头而火冒三丈。

因此，格兰特夫人拒绝了邀请，自然，斯坦顿夫人也拒绝了。从某种意义上说，正是因为她们拒绝了总统夫人的邀请，才救了自己的丈夫一命。因为就是在那天晚上，布斯爬进了总统的包厢，对着总统扣动了扳机。如果当时斯坦顿和格兰特也在场的话，那么说不准，他们两个也会被杀。

伟人逝去

1863年，弗吉尼亚州的一些奴隶主聚在一起，成立了一个组织，目的是谋杀林肯。1864年，亚拉巴马州塞尔玛城的一份报纸刊登了一则广告，号召人们募集资金，用来刺杀林肯，紧随其后，又有好几个州也刊登了类似的广告。

然而,最终杀死林肯的并不是这些出于民族激愤或者金钱利益而行动的人,而是约翰·维尔克斯·布斯。他杀死林肯的目的很简单,为了出名。

布斯是一个演员,上天给了他出众的样貌和非凡的魅力。23岁的时候,布斯就已经很出名了,他的成名角色是罗密欧。不管他在哪里演出,多情的少女们都会给他塞纸条,上面写满甜言蜜语。他在波士顿演出的时候,大街上挤满了女人,为的就是一睹布斯的风采。甚至,在林肯被杀的第二天早上,一名叫作艾拉·特纳的女人听说自己崇拜的男人成了杀人犯并逃离了这座城市,竟产生了寻死的念头。她揣着布斯的照片,喝下了毒药自杀身亡。

然而,女性的奉承和谄媚并没有给布斯带来快乐。他觉得他的观众们都集中在穷乡僻壤当中,层次太低了,他一直梦想着获得大都市的观众们送来的鲜花和掌声。

然而,他并不被纽约的评论家看好,甚至,在费城的时候他还被人轰下了舞台。

布斯出身演艺世家,他的父亲是一流的戏剧明星,红了将近四十年,全国的人都为他的演技所折服。这位伟大的表演艺术家觉得,自己那可爱的儿子布斯,肯定也会得到人们的认可,甚至会比自己做得更好。

然而,布斯并没有超过父亲,而且比父亲差得不是一点半点。他不仅没有足够的才华,而且懒惰、骄傲、不学无术。

布斯的父亲不准家里的人吃肉食,也常告诉自己的孩子,不要杀生,即使是响尾蛇那种害人的家伙,也不要去杀它。但布斯并没有听从父亲的忠告,他喜欢射猎和杀生。有时候,他会用枪打奴隶们养的猫狗,有一次,他还打死了邻居家的一头母猪。

后来,他去奇萨皮克湾一带偷抢过牡蛎,之后,又做了一名演员。26岁时,他成了中学女生们的偶像,但他并不满足,他非常羡慕已经功成名就的哥哥，他觉得哥哥有的正是自己想要的。

为此，他整天闷闷不乐，最后他下定决心，一定要一夜成名。

他的成名计划是这样的：某一天晚上，他要跟踪林肯去戏院，一旦观众坐好，煤气灯熄灭之后，他就马上冲进总统的包厢，用绳子绑住林肯，将之扔到下面的舞台，再将他拖出后门，带上马车，一路疯狂地逃走。

天亮之前，他就能到达托巴克港，然后乘船横越波托马克河，再继续前行穿过弗吉尼亚，到达位于南方的李将军的阵地。之后，他会把林肯交给李将军。这样，南方掌握了主动权，战争就结束了。

到那时，所有的功劳都是他的，人们会对他万分崇拜，他会比自己的哥哥更出名，他将获得可载入史册的美誉。这，就是他的梦想。

为了这个"梦想"，他放弃了一年两万美元的高收入，拿着自己的积蓄，去实施计划了。

布斯来到华盛顿，找到一群支持南方的混混儿，给了他们一笔钱，开始了自己的计划。

那些小混混儿是无法帮助他劫持林肯的，但这些人能够帮他弄到工具。布斯买来一副手铐，找地方安置了用于往返接应的马车，买了三艘船，派人将之划到托巴克港口处，并看管好。船上准备了桨橹，人质一到，就可以立即逃跑。

1865年1月，他觉得成就自己的机会来了。那个月的18号，林肯要去福特戏院看戏。消息很快传开，布斯自然也听说了。那天晚上，他带着绳子，怀着希望在戏院附近徘徊，但是林肯没有去。

两个月后，他打听到林肯要在某天下午坐车出城。于是，他带着手下埋伏在路边，可是白宫的车队经过的时候，他发现林肯不在里面。

接连两次的失败，让布斯充满怒火，他已经快受不了了，他告诉自己，如果不能够活捉林肯，那么就只有自杀了，他忍受不了籍籍无名的生活。

几周后，李将军宣布投降，战争结束了。布斯知道，自己再绑架林肯已经没有任何意义了，于是他修改了目标，打算刺杀林肯。

没多久，机会来了，有一天他剪了头发，然后去福特剧场拿东西，结果听说林肯预订了当晚演出的包厢。

布景工人已经开始准备了，他们装扮着林肯预订的包厢，还特意搬来一把大椅子，以免容不下总统那双长腿。

布斯贿赂了一个工人，让他按照自己要求的位置来摆放给林肯坐的那把椅子。一番布置之后，布斯回到旅馆，他拿起笔给《国家通报》的编辑写了封信，说自己是因为爱国才谋杀林肯，他还说，后代子孙一定会以他为荣。在信的末尾他写上了自己的名字，然后交给一个演员，告诉他在第二天的时候寄给报社。

然后，他就去执行自己的计划了。

那天是复活节前的星期五，是一年中最不适合看戏的日子。不过由于今晚有总统的到来，而且当时正是胜利后不久，人们还没有从喜悦中走出来，因此戏院中的人并不少。

总统一行人是在第一幕戏的中间入场的，当时是九点二十分。他们进场后，演员停下了表演，向总统鞠躬。现场观众欢声雷动，林肯弯腰答礼之后，坐在了剧院准备好的椅子上，开始看戏。

十点十分的时候，布斯喝得满脸通红来到剧场，他是最后一个进入剧场的。进去后，布斯看了看总统的位置，爬上通往包厢的楼梯。二楼的过道中塞满椅子，布斯费了好大的劲才挤到通往包厢的走廊。

途中，布斯被总统的一个卫兵拦截。他递上身份卡，说总统要见自己，不等卫兵许可，就推开走廊的门进去了。他进去之后，马上关上了门，然后从旁边的乐谱架上拿了一根木棍，将门顶上了。

布斯事先在总统的包厢里做过手脚，在林肯椅子后面的门上挖过一个孔洞。他来到那个孔洞前，往里面窥视。之后估计好距离，静静将门推开，然后用手枪对准了林肯的脑袋，扣动了扳机。之后，他跳到了下面的舞台上。

林肯的脑袋突然向前动了一下，然后倒向旁边，整个身躯突然就瘫软在了椅子里，没有发出任何声音。

观众以为枪击和之后跳向舞台的动作都是事先安排好的，是剧情的一部分。谁也没有想到，此刻，总统已经被人杀了。

突然，一声刺耳的女人尖叫打破了戏院的宁静，所有的目光都转向了总统包厢。拉斯伯恩上校的一只手臂上鲜血淋漓，大声朝着人群喊道："抓住他，抓住那个人，他杀了总统。"

这时，有人高声喊剧场可能会爆炸，人们一下被惊呆了，可是马上又反应过来，反应过来后，更加恐惧了。

这时，不明就里的士兵冲进戏院，用刺刀对准观众，大喊着："出去，都滚出去！"

一位医生检查了林肯的伤势，确定他有生命危险，医生觉得让林肯坐着马车一路颠簸着回到白宫会更加危险。

于是，医生找来四个军人抬起林肯，走上大街，伤口滴下来的鲜血染红了街道。骑兵以闪亮的军刀骑在马上帮忙清道，最后，总统被抬到一位裁缝所开的廉价出租宿舍，人们将他那长长的身体斜放在一张嫌短的床上，再把床抬到昏黄的煤气灯下。

悲恸的消息如飓风般瞬间传遍了整个华盛顿，而且祸不单行，就在林肯遇害的同时，国务卿苏厄德在自家床上遇刺，生命垂危。一时间，人心惶惶。

这时候，人们突然觉得，李将军的投降或许是一个阴谋，不过是想迷惑大家罢了。此时，南方军队已经进入华盛顿，打算一举消灭政要人员。人们觉得此时的南方军团已经再次武装完毕，正等待着杀向北方，一场更加惨烈的悲剧即将上演。

城里城外到处都是拿着火把和绳索的疯狂的人们，他们用尽全力嘶吼着："烧掉剧场、杀死叛徒、除掉反贼"。

那是美国有史以来最疯狂的夜晚之一。

消息迅速通过电报传向四面八方。南方的同情者和支持者们被愤怒的人们绑上围栏，头上插上了羽毛，甚至有些被人用石头砸碎了脑袋……马里兰州的一位编辑被杀，因为他之前在报纸上用脏话骂过林肯。

此时，总统奄奄一息，副总统喝得烂醉，国务卿中刀，面临着生命危险，大权自然落在了脾气暴躁的战争部长斯坦顿手上。

斯坦顿觉得，所有政府高官都是对方暗杀的对象，他坐在总统的床边，不断地发布着命令，让大家加紧防范，同时要竭力追捕凶手。

布斯打出的子弹从林肯的左耳下方射进，斜着穿过了林肯的脑袋，停在了右眼半球内。如果换成另外一个体质较差的人，此刻肯定早已经死了，可是林肯整整活了九个小时。

林肯夫人被人们关在房间里，她不断地哭喊，要求去林肯床边，她大叫："噢，天哪，难道我就这样听任自己的丈夫死掉吗？"最后，心神错乱的林肯太太尖叫一声，晕倒在地。

七点钟过后，呻吟声停止了，林肯的呼吸变得平静。

在林肯漫长的挣扎过程中，医生利尔一直握着他的手。七点二十分，医生放下林肯那已经没有了脉搏的手。之后在他的眼皮上放了两枚硬币，使其闭起来，又用手帕绑好林肯的下巴。

一位牧师提议大家集体祷告。屋顶上传来雨滴落下的滴答声，斯坦顿落下百叶窗，挡住了黎明的光，说出了一句让人难以忘怀的话："现在，他属于千秋万代。"

第二天的时候，小泰德问一位前来白宫的访客，自己的父亲是不是已经去世了。

得到肯定的回答后，小泰德说了一句话：

"那我就放心了，自从他来到这边，就从来没开心过，对他来说，这边并不是好地方。"

第四部

人世绝响

总统的葬礼

葬礼是在纽约举行的。

当载着林肯尸体的火车慢慢开出车站时,铁路两旁,是伤心的人们。他们静静地看着远去的列车,眼中充满悲伤。

灵车距离费城车站还有好几英里,可是铁道两旁已经站满了人。灵车进城后,大街小巷更是人满为患,哀悼的队伍足足有三英里长。人们排着队,慢慢向前蠕动,为的就是能够看林肯一眼,哪怕是一秒钟也好,为此,这些人已经等了足足十个钟头了。

灵车到达纽约的前一天,这座城市就已经人满为患了,四面八方的人们蜂拥而来,都想见这位伟大的总统最后一面。

葬礼当天,十六名黑人骑着白马,将灵车缓缓拖往百老汇。一路上,情绪激动的人们不住地向灵车抛洒鲜花。在灵车后面,跟着的是十六万悲恸的民众。

牧师带领着唱诗班吟唱赞美诗,乐队在演奏着挽歌。每隔一分钟,城市的上空就会响起一阵大炮声。所有这些,体现的都是这座城市的悲恸。

不仅纽约城如此,整个美国都是如此,仿佛一下子陷入了悲伤的深渊。

暗杀事件发生后不久,从斯普林菲尔德来了很多人,他们来到林肯夫人面前,祈求她,想让林肯安葬在那里。毕竟,那里是林肯的第二故乡,也是林肯生活得最久的地方。何况,那里还有林肯最爱的人,也就是安。当然,这一点是不能说的,否则林肯夫人定然会大发其火。

林肯夫人开始并不想将自己的丈夫安葬在那里,因为她不喜欢那个地方,虽然她在那里生活过好多年,但并没有朋友,也不喜欢那里的氛围。她的两个姐妹都在那里，但她跟她们的关系并不好，或许，这也是她不想将丈夫葬在那里的原因之一吧。

不过，这些人整整恳求了七天，终于将林肯夫人打动，她同意了。于是，葬礼过后，火车载着林肯的尸体，去往斯普林菲尔德。

车还没到站，小镇上的人们就已经在车站等着了。当初，是他们将林肯送走的，那时候也是全镇的人都来了。今天，全镇的人都来接他，虽然人还是那些人，但林肯已经不是那个林肯了。此时人们面对的，是他的遗骸。这是人们所不愿接受的，不过谁也没有能力改变它。人们所能做的只是在自己的内心里，为他祈祷，希望他在另一个世界里能够找到快乐，能够活得轻松。

慢慢的，火车开过来了。人们翘首企盼，默默注视着，谁也不说话。现场静极了，但人们的内心并不宁静，其中充满了各种味道。

此时，坟墓早已经挖好了。人们要做的，就是抬下林肯的遗骸，静静地将他安葬，让他尽早归于安宁。

可是，当列车停下来，人们抬出林肯的尸体后，林肯夫人却突然发了脾气，她跟人们说，不可以将林肯埋在该处。她将之前人们所制订的计划整个推翻了。她要求，林肯必须葬在两英里外的奥克里奇公墓。

这是命令，不允许讨价还价。事实上，林肯夫人从不允许任何人跟她讲条件。她说，如果不按照自己的意思做，那么她就会将林肯的遗骸拉走，带回华盛顿。那么，到底是什么原因让林肯夫人发这么大的脾气呢？

原来，人们选择埋葬林肯的地方正是马瑟家族的地盘。林肯夫人不喜欢这家人，这就是理由。这个女人的信仰跟丈夫完全不同，林肯一生都主张与人无怨，主张博爱。但她正好相反，她的内心充满仇恨，这仇恨折磨着曾经活着的林肯，也折腾着如今已经死去的林肯。

小镇上的人们不得不向这位新寡妇低头，上午十一点的时候，林肯被安葬在了奥克里奇公墓。

他，或许可以安息了。

杀人者终将被杀

布斯在剧院开完枪后，马上就被拉斯伯恩少校揪住了。但是，少校没能牢牢地抓住这个凶手。因为布斯被揪住之后，马上就抽出了随身携带的尖刀，不停地向少校挥舞。少校手里没有东西，自然无法抵挡，最后，他的胳膊中了好几刀，使不上力气了，此时，布斯挣脱了。

他越过包厢，跳向舞台，可就在跳跃的过程中，布斯的马靴刺碰到了总统包厢边上插着的彩旗。这让布斯的身体失去平衡而摔倒在地，他摔折了左腿的一根小骨。

布斯马上就感觉到了钻心般的疼痛，但他没有退缩，甚至都没有犹豫，马上爬起身来，朝着后门跑了过去。

出了后门之后，布斯跳上了拴在那里的一匹壮马。看马的小男孩见状，试图控制住自家的马，可他还没有成功，便被布斯打晕了。之后，布斯骑着马逃走了。

他在城里整整狂奔了两英里，夜半时候，他已经跑到了阿纳科斯蒂亚桥。在桥上，他碰到了卫士。卫士发现布斯，将枪指向他，问他这么晚了为什么还要出城。

让人感到不解的是，布斯竟然报出了自己的真实姓名，并说自己是来城里做生意的，但家在城外。他是晚上收了摊儿之后，特意等到月亮出来，有光亮了才回家的。

虽然不知道他为什么要报出自己的真实姓名，但他的解释很合理。这时候，内战已经结束了，人们也不那么紧张了，这个解释，完全说得过去。于是，卫士放下枪，让他过去了。不一会儿，布斯的同伙戴维·赫罗尔德，也用同样的办法，顺利走过了大桥。

午夜时候，布斯和同伙来到苏拉维尔的一家小旅店。他们给马喂了草料和水，又拿走了事先放在这里的望远镜和枪械，还买了些威士忌。一番狂饮之后，两个人开始跟身边的人吹嘘，说自己杀了林肯。然后，他们就重新上马飞奔而去了。

他们原来的计划是半夜从这里出发，赶往波托马克河，第二天早上可以赶到那里，然后划船过河，去弗吉尼亚。这是一个很好的计划，也能保证他们的安全。可是两个人没有预料到布斯会受伤，因此计划实施起来就有些困难了。

尽管很疼，但布斯还是强忍着，一路快马飞奔，驶向目的地。可是，最后他忍不住了，与同伙停在离华盛顿二十英里外的一个小乡村，找到了当地的医生。这里是荒郊僻壤，连电报也不通，人们自然还不知道总统被暗杀的事情，因此也不会怀疑他们。医生为他做了简单的治疗，最后还给他做了一副拐杖。

布斯在乡村医生家里待了一个白天，晚上的时候，布斯挣扎着起来了，连饭也没吃，就开始化装。他将自己的胡子剃掉，粘上了假胡须，又换了身衣服，然后付了些钱给医生，就急急忙忙地走了。他的目的地是波托马克河。

布斯的行程并不顺利，半路上他们被一片巨大的沼泽挡住了去路，在寻找通过沼泽的路的时候还迷路了，在四周转悠了好几个小时。

后来，一个黑人救了他们。此时，布斯的腿伤更严重了，甚至不能叉开双腿骑马。他给了那个黑人一些钱，以期对方能用马车将自己送走。那个黑人同意了，他赶着马车，将布斯和他的同伙送到了他们另一名同伙考克斯上尉的家。

由于布斯的腿伤很严重，他们已经不能再做任何迁徙了。考克斯上尉就将他们藏在了自家附近的树林里，让布斯先养好伤。

考克斯上尉有个弟弟，叫托马斯·琼斯。琼斯是个奴隶，之前曾为南方联军工作，负责物品运输以及帮助北军中的逃兵南渡。考克斯将给布斯两人送饭的任务交给弟弟琼斯。因此,早上,琼斯拿着食物篮子,去看望布斯他们。

虽然此时布斯已经饿得两眼昏花了,但他最想看到的不是食物,而是消息。他想看看,自己的壮举到底引起了多少人的崇拜。可是他发现,报纸上并没有向自己表示敬意的文章,而都是口诛笔伐,欲杀他而后快的。

布斯很愤怒,他认为,如果北方的报纸这样对待他还是可以原谅的,毕竟林肯在北方比较有影响力,而且林肯本身也是北方派的领袖。可他没有想到,南方的报纸也在谴责自己,这是他不能忍受的,他觉得,自己受到了侮辱。

费尽心思制订的计划,担着生命危险施行的暗杀,却没有得到原来想要的效果。这个疯狂的少年会反省自己吗?

答案是否定的。布斯会反省,但从不是反省自己。他将自己的行为称作上帝的指引,他把自己称作上帝的工具。他在自己的日记中写道:"我又冷又饿,待在这树林当中,看不到任何希望。可是,外面的人竟然都指着我的鼻子骂我。为什么?我帮他们杀了一个恶霸,一个暴君,一个流氓,可他们呢?什么也没做过,却反而指责我,说是杀人凶手。我的行为比他们中的任何一个都简单、纯洁、正义……我不希望得到回报,只是做我自己想做的……我始终认为,我是正确的,我不后悔。"

就在布斯一边疗伤,一边写日记的时候,三千名密探和一万多骑兵正在紧密地搜查他。他们找遍每一间房子和各类大大小小的洞穴,下定决心要找出布斯,活要见人,死要见尸。

有几次,布斯都能听到骑兵们的战马相互之间的嘶鸣和互相回应的声音。这让布斯很害怕,因为他们的马就在旁边,他害怕自己的马会回应那些战马,那就全完了。于是,布斯将马拖进沼泽地,并用枪打死了它。

两天之后,空中出现了很多秃鹫,不停地在布斯他们的上方盘旋，它们的目标是布斯杀死的马。这可把布斯吓坏了，因为这些秃鹫很可能会将骑兵们引过来。

而且，此时布斯也需要一个医生来为他治腿。

于是，两个人又开始了逃亡。那是4月21日，也就是林肯被杀的一周之后。布斯的同伙赫罗尔德将他从地上抬起，放在马背上，朝着波托马克进发了。他们骑的马是琼斯送的。

那天晚上迷雾重重，非常适合逃亡。当晚，琼斯在前面引路，布斯和赫罗尔德在后面跟着。为了防备骑兵，他们中间隔了大概五十码的距离。琼斯每前进一段，就会停下来观察周围的形势。他觉得没有任何问题后，才会发出低沉的哨声，听到哨声，布斯和赫罗尔德才会迅速跟上。他们胆战心惊地跋涉了几个小时，终于来到了波托马克河岸边的悬崖上。这时，狂风四起，黑暗中，崖下河水拍打岸边沙石的声音清晰可闻。

联邦的士兵在波托马克河一带搜索了整整一个星期，他们将沿岸的每一条船差不多都翻了个底朝天，烧的烧，砸的砸，可还是让布斯跑了。布斯他们雇用了一个黑人，叫他白天去河中心钓鱼，晚上则在去往登特的草地中藏起来。就这样一点点移动，走出了搜索圈。

当两名逃亡者来到事先准备好的船上的时候，他们觉得自己马上就要解脱了。布斯谢过琼斯，花钱给他买了条小船和一瓶威士忌，就跟他道别了。他跟自己的同伙登上船，向五英里之外的弗吉尼亚河岸驶去。

但是，他们并没有顺利抵达对岸。他们前进了一段距离，之后就陷入了旋涡，湍急的河流将他们的船推回了好几英里。黎明时分，他们绕过巡逻船之后，才确定了自己的坐标，此时二人发现，他们一夜间的成果就是往北走了十英里。现在他们的位置离弗吉尼亚河岸还是五英里，这一夜，他们相当于一步也没有动。

整个白天，他们都躲在沼泽里。晚上的时候，又冷又饿的两个人拼尽全力,终于划到了对岸,这时候,布斯兴奋地大叫:"感谢上帝,我终于来到了光荣的弗吉尼亚。"

上岸后,两个人来到了理查德·斯图尔特医生家。斯图尔特医生原来是南方联盟军的联络人之一,因此布斯将他当成了自己的救星。可是,斯图尔特医生因为负责为南部联军传递信息,曾经被捕过好几次,而且如今战争已经结束了,他不想再冒险做类似的事情了,因此当得知来人是刺杀总统的凶手的时候,斯图尔特医生根本就没有让他们进门。只是给他们拿了点吃的东西,然后将他们送到了一个黑奴那里过夜。

可是,黑奴也不愿意收留布斯他们,虽然勉强让他们进了屋,但嘴里不停地说着威胁的话。

这就是布斯在南方所受的待遇。

第二天,布斯在三名参加过内战的联盟军骑兵的陪伴下,横渡帕汉诺克河,之后又向南骑了三英里的马,来到一处农场。他跟农场主说,自己叫博依德,是李将军手下的士兵,在里士满战斗中受了伤,如今战争结束了,要回老家去,可是最近旧伤复发,想先在这里养好伤再走。农场主答应了。

第二天,布斯坐在加勒特农场的草地上,边晒太阳边看地图,制订着下一步的逃跑计划。此时,布斯的目的地是墨西哥。

晚上,布斯跟加勒特一家共进晚餐。吃饭的时候,加勒特的小女儿说邻居给她讲了暗杀事件,并问自己的父母到底是怎么一回事。她不停地问这问那,还猜测那个杀手的真实身份和得到的报酬。

听到这些,布斯突然回答了她一句:"据我所知,他一分钱也没拿到,相反,他从此背上了恶名。"

第二天下午,布斯跟赫罗尔德正在树下晒太阳的时候,将他们送到这里的骑兵之一,罗格少校突然出现在两个人面前,跟他们说:"那些北方佬往这边来了,你们一定要小心。"

两人听了少校的话后,赶紧躲进了丛林当中,直到天黑之后才潜回加勒特家。

两人的反常行为引起了加勒特的怀疑，不过他没有怀疑他们是暗杀事件的凶手，而是怀疑这两个人是偷马贼。因为昨天晚上，两个人曾谈论要购买马匹，加勒特没听清两人谈话的全部，只听到他们在谈论马匹，加上今天二人的反常行为，他以为，这两个人多半是偷马贼。

当晚，布斯二人出于对安全和便于逃跑等方面的考虑，坚持要睡在一楼，这更让加勒特先生怀疑了。于是，他将二人安排到了堆干草和家具的破旧干草库里。布斯二人睡下之后，加勒特先生悄悄地从外面将门锁上了。为了安全起见，他还叫来了自己的两个儿子，让他们拿着毯子睡在旁边的小谷仓里，因为在那里可以随时看见马棚。

那是一个让人难忘的夜晚，加勒特一家几乎是在兴奋和期待中度过的，他们以为自己会将这两个偷马贼抓个现行。

然而，他们最终得到了一个颇令人意外的结果。

原来，一队联盟军士兵已经整整搜索布斯他们两天了。说来事情巧合，他们之前搜索的时候，恰好碰到看见了布斯他们过河的一个老年黑人。老人带着他们找到了渡布斯过河的船工，船工跟军士们说，布斯他们过河后，是跟着威利·杰特上尉走的，还说杰特上尉的情人在十二英里外的鲍灵格林镇住，没准此时上尉就在那里。

于是，搜捕队员们以最快的速度赶到鲍灵格林镇，找到了上尉情人的住处，并从床底下揪出了杰特上尉。一番喝骂和威胁之后，杰特上尉骑上马，带着搜捕队员来到了加勒特农场。

众人来到后，马上就将农场包围了，并在农场的每一个出口都架上了机枪。准备好这一切之后，队长拿着手枪，开始大声叫门。

不一会儿，拿着蜡烛的加勒特打开大门，搜捕队长贝克中尉卡住加勒特的喉咙，将手枪顶在他的脑门上，让他交出布斯。

这个老农民吓坏了，他跟队长发誓说，那两个人不在他的家里，他们早就逃到树林子里去了。

加勒特当然是在说谎,可是他的说法也符合道理。就在搜捕队员习惯性地跟加勒特说如果说谎就打死他的时候,睡在谷仓的加勒特的儿子过来了,他对搜捕队员说出了布斯的位置。

干草库马上就被包围了起来。

在正式进攻之前,搜捕队员跟布斯谈判了大约二十五分钟,他们要求布斯投降,可是布斯不同意。他说自己现在是个瘸子,并要求对方给瘸子一个机会。他让搜捕队员后退一百米,然后他会出来跟这些人一对一地单挑。

然而,赫罗尔德早已经被吓破了胆。他不顾布斯的反对,举着双手走了出来,投降了。他跟搜捕队员说,自己没有参加暗杀行动,而且他很喜欢听林肯先生那充满幽默感的演讲。

搜捕队员马上控制住了赫罗尔德,并将之绑在大树上,还吓唬他说,如果不马上停止抽泣,就马上掐死他。

而躲在屋子里的布斯就是不肯投降,他说自己的字典里就没有"投降"两个字,还说自己所做的事情是正义的。

康格上校开始向空中鸣枪,想用枪口散发出的烟雾将布斯逼出来,同时他还命令加勒特的两个儿子用干草将屋子的空隙堵住。看到两个小孩子真的拿着干草过来了,布斯破口大骂,还威胁他们如果真敢堵住屋子的空隙就掐死他们。就在此时,康格上校偷偷绕到了屋子后面,将一把干草塞进屋子的一个缝隙,并点燃了这把干草。

布斯所在的屋子本来就是存放干草的,碰到火星之后,马上就熊熊燃烧起来。

搜捕队出发前,上方曾经下达了明确的命令,一定要活捉布斯。搜捕队一直没有直接进攻也正是因为这点。事实上,搜捕队现在确实是有机会活捉布斯的,但这机会被一个半疯的教徒给破坏了。

搜捕队曾经一再警告队员,如果不是万不得已,不可以向布斯开枪,但是中士科比特,一个狂热的教徒说他接到了枪击布斯的指令,他说那指令是上帝传达给他的。

当时,干草库已经差不多被烈火包围了。透过越来越大的裂缝,科比特看到布斯放下手杖,举起手枪,跳到了门边。

科比特觉得,布斯一定会用手枪为自己开路,做最后的挣扎,尽管当时布斯浑身上下都已经着火了,科比特依然觉得事情会跟自己判断的一样。

于是,出于阻止流血的目的,科比特瞄准布斯并扣动了扳机。随着一声枪响,布斯倒下了,他受了致命伤。

此时,干草库的火势更大了。

贝克中尉害怕受了重伤的布斯被大火烧光,马上冲进火海,先卸下了布斯的手枪,又因为怕布斯装死而捆绑了他的双臂,然后将之拖了出来。

就在布斯被押往加勒特家的门廊的时候,一个骑兵跳上马背疾驰而去,他去给布斯找医生了。

加勒特夫人有个妹妹,此时正在加勒特家中。当她得知这个奄奄一息的人就是著名的浪漫派演员布斯的时候,坚持要给他优待。她叫人从屋子里拿出一张床,让布斯躺在上面,之后又将布斯的头放在自己的大腿上,喂他喝酒。可是,布斯的喉咙似乎已经麻木了,根本没办法吞咽。于是,这位小姐拿出自己的手帕,沾上水,为他擦拭嘴唇和喉咙。

布斯咽气之前整整挣扎了两个小时,他不停地翻滚,一副极其痛苦的模样,后来他对着众人大叫:"杀了我,杀了我吧!"

他还让人给自己的母亲捎话,说自己是这世界上最棒的,说他做了一件伟大的事,是为国家而死的。

临死的时候,布斯要求旁边的人扶他起来,这样他就可以看这世界最后一眼了。可是,没有人愿意帮他,布斯很愤怒,嘴里不停嘟囔:"滚蛋,这帮混蛋。"

这是他留在这世上的最后一句话,说完之后,他就死去了。

扑朔迷离的传言

多尔蒂上校从马背上拽下来一张毯子,又向加勒特夫人借了根缝针,然后用毯子包裹住布斯的尸体,用针缝好,又给了附近的一个老黑奴两美元,让他用自己那破旧的马车,将尸体送到波托马克码头。那里早已经准备了船,布斯的尸体装上船之后,就可以运走了。

第二天,布斯被击毙的消息不胫而走。整个华盛顿的人们都涌向河岸,等待着运尸船的到来,他们想亲眼看一看,到底是个什么样的人杀死了总统。

下午的时候,贝克上校急匆匆地向斯坦顿报告,很多人不听劝阻,跑到了运尸船上,有个女人还剪下了布斯的一缕头发。

斯坦顿听了之后大吃一惊,他说:"布斯的每根头发都可能被收藏。"他这么说是因为他一直都在怀疑,布斯并不是一个人,而是有人在背后指使。他担心这些人会劫持布斯的尸体,并用它进行宣传,以激发南方奴隶主们的热情,从而开始新一轮的战争。

于是,斯坦顿下令马上掩埋布斯的尸体,让布斯尽快从人们的记忆中消失。他曾接触过的任何物件,即使是他的头发都不能留在这个世上。

当天晚上,贝克上校和他的侄子贝克中尉来到了运尸船上,在众目睽睽之下,将布斯的尸体装进一个盒子中,将之抬上了一艘快艇,接着,两人爬上快艇,向远方疾驶而去。

正如斯坦顿所预料的那样,岸上围观的民众们沿着河岸狂奔,追逐着快艇,他们想知道掩埋布斯的具体地点。

民众整整跟着跑了两英里,直到天黑得什么也看不见了方才罢休。

贝克叔侄在河上奔驰了很久,又在沼泽地里藏了好几个小时,直到确认没有人跟踪之后，才将船重新划出来，来到了一座监狱中。他们跟监狱长对完暗号之后，将一个写着布斯名字的棺材交给了监狱长。半个小时后，那口棺材被埋在了一个小房子里，那间房子是用来储存弹药的。埋完后，他们还平整了棺材上方的泥土，以让其跟周围保持一致。

次日凌晨，贝克叔侄小心翼翼地沿着波托马克河返回，没有被任何人发现。这世上，知道布斯埋骨之地的，一共有八个人，而这八个人都发过毒誓，绝不会对这件事泄露半分。

在这种神秘的氛围下，谣言开始流传，甚至有些报纸也加入其中。有的说布斯的心脏被送进了医学博物馆，有的则说尸体已经被抛入大海，还有的说尸体已经被焚烧了……

甚至还有人传言说，布斯根本就没有死，而是已经逃向了远方，那具尸体是一个被士兵误杀的人。之所以有这样的传闻，可能是因为死后的布斯样貌跟活着的时候差别很大。

梅医生是斯坦顿派去运尸船上辨认布斯尸体的人之一，他曾说："遮盖尸体的布被掀开的时候，我吃了一惊。那具尸体的样貌跟活着时候的布斯完全不一样，我相当吃惊，不禁脱口跟身边的巴恩斯将军说：ّ这尸体肯定不是布斯。'……过了一会儿，他们根据我的要求将尸体立了起来，我从上看到下，这时候，我才有些相信这就是布斯。在这之前，我从来没见过一个人死后样貌会有如此大的变化……

在场的其他人根本无法分辨这具尸体到底是不是布斯，因此，谣言就慢慢流传开来了。

媒体开始质疑，说这根本就是一个骗局，是有人为了敲诈财政部而弄出的一个阴谋，为的就是那些赏金。

媒体的报道也引起了民间的响应。一时间，出现了几百个目击证人，他们都声称自己在加勒特农场阻击战之后见到过布斯，有的还说跟布斯交谈过。一时间，布斯好像成了神人，他一会儿出现在这，一会儿出现在那。有人说他在加拿大，也有人说他在墨西哥，更有人说他现在生活在欧洲……

就这样，美国历史上流传最广，流传时间最长的神话诞生了。它持续了半个多世纪，直到现在，依然有很多人相信那些流言，甚至其中还有不少智力超凡的人。

就在笔者撰写这一章内容的时候，还有一位受过严格的科学训练的人，非常严肃地跟我说：布斯早已经自由了。

事实上，布斯确实已经死了。

前面说过，斯坦顿曾派人到船上确认过布斯的尸体。其中之一的梅医生我们已经提过了，他的话我们还没有引摘完，事实上，他后来还提出过更有利的证据。

梅医生曾经给布斯做过手术，帮他切除过一个很大的纤维瘤，而手术的地方留下了一大块伤疤。梅医生说：捕获的尸体身上，几乎没有布斯生前的任何印记。但是，手术刀在他身上留下的伤疤是不会消失的。那伤疤我记得很清楚，我就是根据尸体上的伤疤确定那的确是布斯的。这个暗杀总统的人，的确死了。

同去辨认的还有另外一位医生，也就是梅丽尔牙医，布斯不久前曾在他那里治过牙。他根据布斯牙齿中填充的材料，确认了那就是布斯。

布斯曾经在国家大酒店住过，那里的酒店职员道森认出了布斯身上的文身。布斯生前的好友，摄影师加纳德也声称，死者就是布斯。

而且，1869年的时候，约翰逊总统曾命人掘开布斯的坟墓，并让他生前的朋友再次进行了辨认，大家都说，那就是布斯。

然而，谣言还是在流传。19世纪的时候，很多人认为住在弗吉尼亚的阿姆斯特朗就是经过伪装的布斯。他们之所以这么说是因为阿姆斯特朗有一双黑色的眼睛，有一块伤疤，还瘸了一条腿。

此外，还有好多被认为是布斯的人。有人说，布斯跟一个寡妇结婚了，可不久就对对方厌烦了，说自己就是杀害总统的布斯。

还有好多人承认自己是布斯。

19世纪70年代，得克萨斯州有一个酒吧老板，一次喝醉之后跟一个叫贝茨的律师说他就是布斯，还煞有介事地让人们看他的伤疤；二十多年后，在俄克拉荷马州，一个叫乔治的瘾君子服毒自杀，死前他说自己就是暗杀总统的布斯。当年的贝茨律师得到这个消息之后，马上赶了过去，并说，这个瘾君子就是多年前跟他承认自己就是布斯的那个酒吧老板。

贝茨律师还将这个瘾君子的尸体进行了防腐处理，然后运到自己的家乡，保存了好多年。其间，他不断要求政府向他支付酬金，因为他捕获了"布斯"。

1908年，贝茨还写了一本非常荒唐的书——《约翰·维尔克斯·布斯的逃亡和自杀》，此书竟然售出七万册，引起了一时的轰动。

总统的身后事

离开白宫之后，林肯夫人陷入了困境，而她的性格，她经常失态的行为，也成了人们茶余饭后的谈资。

在家庭开支方面，林肯夫人是极其节俭的。但是，一旦涉及那些有关虚荣的东西，她就好像变成了另外一个人，不仅忘了节俭这回事，简直还有些奢侈。

1862年，离开大草原的时候，林肯夫人觉得，凭借自己总统夫人的头衔，一定可以在华盛顿社交圈中受到尊崇。可是，现实让她备受伤害。那里的人们不仅不看重她，反而极力排斥她。在许多南方人眼中，她是叛徒，因为她嫁给了一个"粗野的北方人"，而且这个北方人还支持农奴，向南方发动战争。

更重要的是，除了总统夫人这一头衔之外，她没有任何的可爱之处。她是一个名副其实的悍妇，她小气、粗俗、小心眼儿，而且她还反复无常。

靠地位和个人魅力无法获得大家的认可，林肯夫人便开始想其他办法。她开始疯狂地购买衣物和首饰，她想用金钱来为自己赢得社会地位。

可是，林肯并不富裕，更何况，林肯夫人买的都是最好的衣物和首饰。于是，她只剩下一个办法，那就是借钱。

林肯夫人债台高筑，欠别人达七万美元之多。当时，林肯的收入是年薪两万五千美元。也就是说，林肯夫人买衣服的钱，相当于她丈夫两年零九个月的薪酬。开克雷甚至说："如果从林肯被刺事件中寻找对他的有利因素的话，恐怕就是他永远也不会知道夫人欠债的事情了。"林肯下葬后不到一周，林肯夫人就想尽办法，向一家商店售卖林肯那绣有自己姓名的衬衫。

听到这个消息后，心情沉重的苏厄德将衬衫全部买下了。

林肯去世之后，夫人带着两个儿子——泰德和罗布特，来到了芝加哥。开始的时候，他们住在雷蒙特大楼里，可是一周后，他们就搬走了，因为那里的消费实在太高了。后来，他们搬到了一个狭小的，装饰极其普通的房子。

因为住不起更好的房子，林肯夫人日夜哭泣，她不让亲戚和朋友来看她，怕被人嘲笑。她整天将自己关在家里，一段时间后，她便开始教泰德认字。

林肯夫人要求白宫给她十万美元，她坚称那是林肯的薪酬。白宫拒绝了，之后她便对这些人极尽辱骂，最后，白宫给了她两万五千美元。拿到这笔钱后，林肯夫人在芝加哥买了一栋房子，并将之粉饰一新。

两年过去了，林肯夫人的开销越来越大，债主们经常追上门来讨债，后来她将房子租了出去。她几乎没有任何经济来源，被生活压得喘不过气来。

最后，她不得不收拾东西，带着破旧的衣物奔向纽约，在那里过起了隐居生活。后来,她又去找白宫,经过了几个月的"奋战",她终于获得了每年三千美元的养老金。1871年,泰德患伤寒不治而亡。同年,她仅剩的一个儿子罗伯特也完婚了。

孤独、无望的玛丽·林肯整天生活在患得患失的极端情绪之中,慢慢的,她那本就脆弱的神经负担愈发沉重了。

不久后,罗伯特·林肯心情沉重地走进芝加哥法院,要求判处自己的母亲患有精神疾病。最后,一个由十二人组成的陪审团给出了结果,判定林肯夫人心智不全。之后,她被送到伊利诺伊州的一家私立精神病院进行治疗。

不幸的是,十三个月后,林肯夫人被放出来了。那时,她还没有被治愈。这位可怜的妇人获得自由后,没有联系自己的儿子,而是漂洋过海去了法国,在那里一个人孤零零地生活着。

有一天,林肯夫人爬梯子的时候摔了下来,伤到了脊椎,以至于很长一段时间内都无法行走。之后,她回到了自己的家乡,去了斯普林菲尔德,跟自己的姐姐在一起生活。

1882年,一个宁静的夏夜,这个经历过辉煌也经历过苦难的老人终于获得了解脱。在一次突发癫痫之后,她离开了人世。

她给林肯带来过麻烦,但是,如果没有她不停催促,或许林肯也不会有后来的成就,仅仅只是一名乡村律师。这个女人成就了林肯的事业,但毁了林肯的生活。

1876年,一伙以造假为业的人想要盗取林肯的尸骨,这是一则耸人听闻的往事,不过很少有人提及。

"大吉姆"是基尼利黑帮的老大,多年来,他跟自己的手下伪造了大量面值5美元的假币,获得了很大的利益。不过,1876年春,这些人遇到了麻烦,用来制造假币的材料越来越难弄,还有,帮他们制作假币雕刻版的专家本·博依德被捕了。

几乎断绝了经济来源的"大吉姆"想出了一个发财之道,就是盗取林肯的尸骨,然后勒索政府,让他们给自己一大笔赎金,并放了本·博依德。

这看起来有些冒险，但其实风险不大，因为当时的伊利诺伊州没有任何针对盗墓者的法律。

1876年6月的时候，"大吉姆"决定行动了，他将自己的几个同伙派到斯普林菲尔德的酒吧和舞厅。这些人表面的身份是服务员，其实是在暗中筹备盗墓的事情。

可是，有一天，"大吉姆"的一个手下喝多了，向别人吹嘘，将自己的计划全都说出来了，结果被人报了案。那些伪装的服务员得到了消息，逃跑了。

不过"大吉姆"并没有放弃，他觉得，风声过后就可以继续行动。他的朋友中，有一个叫斯威格斯的人，是一个盗贼。这次，"大吉姆"选择的合作伙伴就是他。

他们制订的计划是这样的，斯威格斯将一张报纸撕掉一角，放在自己身上，其余的部分先藏好。等到计划实施的时候，他们几个人会拿上这残缺的报纸，去挖掘林肯的坟墓。得手后，他们将尸体带走，报纸留下。

政府发现林肯的尸体被盗，自然会去墓地查看，那时，就会发现这张报纸。此时他们会跟政府联系，将自己手中残留的报纸一角跟整个报纸对接，这时候，政府自然会明白，尸体在他们手里。

他们谋定的时间是11月6日晚，选择这个时间是因为第二天是选举日，所以当晚人们不会注意到他们。

事实上，那天晚上他们的行动非常顺利，从出城一直走到林肯的墓地，没有遇到半点麻烦。他们来到墓地，打开了棺材，然后派斯威格斯去牵马车，马车也是事先准备好的，就在林肯纪念碑东北方二百码左右的深沟里。

这伙人已经看到胜利的曙光了。然而，让他们没想到的是，还是出了岔子。原来，斯威格斯早已经不是一个盗窃的罪犯了，很久以前他就洗心革面，并做了警察的卧底。深沟里也没有什么马车，在那里等候的是一群警察。

斯威格斯随便绕了一圈,然后向警察们发出了暗号。警察们听到后,立即起身,来到了墓地,他们向着墓穴的方向大喊,要求对方放下尸体,赶紧投降。可是,没有任何回应。最后,警察们才发现,不知何时,"大吉姆"他们已经跑掉了。

十天之后,盗贼们在芝加哥落网,然后被押到了斯普林菲尔德监狱,受到重兵把守。民众们听到这个消息后,都很愤慨,不住地谴责这些人。当时,林肯唯一幸存的儿子罗伯特已经是一名富商的女婿了。他聘请了芝加哥最好的律师,要起诉这些人。

可是,当时伊利诺伊州的法律中,没有针对盗墓者的条款。如果这些人得手了或许可以告他们,但现在他们并未得手,因此没有任何理由可以起诉这些人。最终,律师只好用阴谋盗棺的罪名对"大吉姆"等人进行指控,并要求对这些人处以七十五美元的罚金,并判处五年的徒刑。然而诉讼并不顺利,一直拖延了八个月才有结果。那时候,民众的愤怒之情早已经被时间冲淡了。经过好几轮的审判之后,这些人被送到了若里耶监狱,在那里服了一年刑。

林肯的朋友们害怕有人再打他尸体的主意,因此将他的棺材装进了一个大铁箱中,然后放入了一个隐蔽的地下室。那些年,人们长途跋涉去祭拜的,不过是一具空空的石棺,林肯根本就没在里面。

由于各种原因,林肯总统的尸体一共被移动过十七次。最后一次移动是在1901年9月26日。那天,棺木打开后,人们最后一次看到了林肯的尸体。据当时在现场的人说,虽然林肯先生已经死去了三十六年,但由于防腐得当,他的样子跟在世的时候并没有太大的差别,只不过脸变得略微有些黑了而已。

很快,棺木又合上了。人们重新将它放回了林肯墓,然后在棺木四周填充了很多巨大的钢球,又用厚厚的混凝土将之牢牢固定住,方才罢休。至此,总统的尸体几经辗转,最终还是回到了原来的地方,每天接受着人们的祭拜。

图书在版编目（CIP）数据

林肯传／（美）卡耐基著；鹤泉译. —北京：中国华侨出版社，2013.9
（2019.9重印）
ISBN 978-7-5113-4095-5

Ⅰ.①林… Ⅱ.①卡… ②鹤… Ⅲ.①林肯，A.（1809～1865）—传记 Ⅳ.①K837.127=41

中国版本图书馆CIP数据核字（2013）第227675号

林肯传

著　　者：[美]卡耐基
译　　者：鹤　泉
责任编辑：王　委
封面设计：冬　凡
文字编辑：李　鹏
美术编辑：汪　华
经　　销：新华书店
开　　本：680mm×980mm　1/16　印张：11　字数：188千字
印　　刷：三河市吉祥印务有限公司
版　　次：2013年12月第1版　2021年11月第7次印刷
书　　号：ISBN 978-7-5113-4095-5
定　　价：36.00元

中国华侨出版社　北京市朝阳区西坝河东里77号楼底商5号　邮编：100028
发行部：（010）88893001　　传　真：（010）62707370

如果发现印装质量问题，影响阅读，请与印刷厂联系调换。